本书编委会

主　编　杨箴立
副主编　唐维彦　周秉伟　曹丽屏
参　编　杨　悦　火　隆　陈旭阳　马陆洋
　　　　　黄　玥　王　智　李慧杰　武　鹏
　　　　　夏彩玲　徐琳怡

DEJI JIANBEI XINGFU QIHANG
HENAN HUAGONG JISHI XUEYUAN RUXUE JIAOYU SHOUCE

德技兼备　幸福启航

——河南化工技师学院入学教育手册

主　编　杨箴立
副主编　唐维彦　周秉伟　曹丽屏

河南大学出版社
HENAN UNIVERSITY PRESS

·郑州·

图书在版编目（CIP）数据

德技兼备　幸福启航：河南化工技师学院入学教育手册/杨箴立主编．－－郑州：河南大学出版社，2021.8

ISBN 978-7-5649-4818-4

Ⅰ.①德… Ⅱ.①杨… Ⅲ.①技工学校—入学教育—河南—手册 Ⅳ.① G718.1-62

中国版本图书馆 CIP 数据核字 (2021) 第 154109 号

责任编辑	聂会佳
责任校对	林方丽
封面设计	郭　灿
出版发行	河南大学出版社
	地址：郑州市郑东新区商务外环中华大厦2401号　邮编：450046
	电话：0371-86059713（高等与职业教育出版分社）
	0371-86059701（营销部）　　网址：hupress.henu.edu.cn
排　　版	河南大学出版社设计排版部
印　　刷	郑州印之星印务有限公司
版　　次	2021年8月第1版	印　　次	2021年8月第1次印刷
开　　本	710mm×1010mm　1/16	印　　张	16
字　　数	260千字	定　　价	58.00元

（本书如有印装质量问题，请与河南大学出版社营销部联系调换）

德技化院　　幸福启航

亲爱的同学们：

大家好！

又是一个流金岁月，朝气蓬勃的你们，带着喜悦与好奇，载着理想与憧憬，来到了河南化工技师学院。河南化院的全体师生热烈欢迎你们加入这个幸福和谐的大家庭！在美丽的河南化院，你们将接受手脑并用、知行合一的技能教育，将获得全体教职员工浓浓的关爱。从河南化院"幸福启航"，做"德技双优"的"大国工匠"，开启你们崭新的人生航程。

如何理解"德技双优"呢？所谓"德"，《周易·象传》中说："天行健，君子以自强不息。地势坤，君子以厚德载物。"德是涵盖了诚信、仁义等一切品行的道德范畴。《新华字典》的解释是："人们的共同生活及行为的准则规范。"我校弘扬优秀传统文化中的"德"是"礼义仁智信忠孝，温良恭俭让感恩"。"德"体现到每个人每时每刻的每一个具体行为，如诚实不说谎、守时不迟到、待人有礼貌、使用文明用语、不爆粗口……每个人的举手投足、一颦一笑、站立坐走，都彰显了他的"德"。优秀的品德是被别人认可、被别人尊重、被别人信任的前提，更是赢得更多、更好发展机会的重要基础。所谓"技"，《说文》里解释说："技，巧也。"《新华字典》解释是："才能，手艺。"技是人赖以谋生的手艺，安身立命的根本。我校讲"德技化院，蝶变精彩"，就是让每一位同学学好技术、练精技能，有"技"，从而由蛹化蝶，华丽转身，成就精彩人生。有"德"无"技"，无法更好地完成工作任务。有"技"无"德"则会对社会产生负能量，如果德行匮乏，

"技"越高对社会的危害会越大。"德"与"技"犹如鲲鹏之两翼、列车之双轮，必须同时强，必须要匹配。只有"德技双优"才能有更好的前程，有美好幸福的生活。正因贯彻"德技双优"的教育理念，我校又被称为德技化院。

学校一贯秉承"千里之行，始于足下"的校训，倡导"劳动创造美好生活"的化院价值观，打造"德技双优的高技能人才培养、培训教育"品牌，熔铸"艰苦奋斗、踏实肯干、积极阳光、尊重包容、团结协作、精益求精"的化院精神，贯彻落实"做事先做人，做人德为先""铸大国工匠，凝时代匠心""教育工作活动化，教学工作一体化"的教育理念，营造"有错真诚道歉、谢谢常挂嘴边、见面主动问好、微笑成为习惯"的校园氛围。不忘初心、牢记使命，为党育人，为国育才，大朝着"全国知名、省内一流，美丽校园、幸福老师、阳光学生，高技能人才的沃土、大国工匠的摇篮"的愿景砥砺前行。

希望同学们认真学习践行"富强、民主、文明、和谐，自由、平等、公正、法治，爱国、敬业、诚信、友善"的社会主义核心价值观，做德、智、体、美、劳全面发展的社会主义事业的建设者和接班人。

希望同学们永葆正能量、正思维，让微笑成为习惯，用积极阳光的心态面对学习和生活、面对家人师长和伙伴；与人相处要尊重他人的优点，包容他人的缺点，懂得"相互补台，好戏连台；相互拆台，全部垮台"的道理，以理智化解纠纷，用慧心点亮人生；养成文明礼仪习惯，不乱丢乱扔，不乱涂乱画。

希望同学们服从教职员工、学生干部的管理；严格遵守各项规章制度；上好每一堂课，完成每一项学习任务。恪守规矩，成就方圆。巨匠是在严格的规矩中施展他的创造才能的，相信也期待同学们在河南化院的舞台上施展自己的才能。

希望同学们积极承担学生干部工作，肯吃亏、能吃苦、乐于奉献，在服务同学的同时，提高完善自己；积极参加传统文化月、艺术月、体育月、宿舍文化月、积极心理健康月等各项活动；踊跃参加各种志愿者活动、社会实践活动、社团/协会活动，每位同学每学期至少要参加一两个社团/协会。只有积极参与活动，全身心投入学习，才能培养自己的关键能力，提高综合素质，从而增强自己的就业竞争力，打造幸福人生。

希望同学们苦练技能。"家有万金，不如技能在身。"在新时代，新技能是闪亮的人生标签。学校为大家准备好了技能训练平台，同学们要上好每一堂课，做好每一个技能项目，要积极主动参加技能竞赛月，踊跃投入世界、全国、省、市各级各类技能大赛，让自己身怀长技。

希望同学们在学校学习、生活中有任何问题，第一时间找老师、班主任、二级学院和处室负责人、校长反映，我们都会及时帮助你们。

希望同学们加强体育锻炼。体质不强，何谈栋梁？每天锻炼一小时，健康工作五十年，幸福生活一辈子。河南化院运动场上，春天玉兰绽放，秋天桂花飘香，四季风景独好。同学们，让运动的青春、健康的青春、奔跑的青春铸就河南化院最美的风景线！

从今天起，河南化院将成为你们新的家园。我相信，"实力化院、美丽化院、文化化院、文明化院、和谐化院、幸福化院"一定会因你们而更加精彩，你们的青春足迹也一定会为河南化院所铭记。

真诚祝愿同学们在河南化院健康、快乐每一刻，开心、进步每一天！

河南化工技师学院校长

2021 年 8 月

目　录
CONTENTS

第一章　学校简介
一、荣誉资质 **001**

二、专业设置 **003**

三、硬件设施 **004**

四、校企合作 **004**

五、技能竞赛 **006**

六、创新强校 **008**

七、师资力量 **009**

八、社会培训 **011**

九、校园文化 **011**

十、硕果累累 **012**

第二章　《弟子规》中的文明礼仪
一、个人规范 **014**

二、家庭成长 **020**

三、求学生活 **023**

四、社交活动 **027**

第三章　国防篇
一、国防知识 **038**

二、新中国的国防成就 **039**

三、国防常识 041
　　四、学校的主要国防教育 042

第四章　安全篇

　　一、防范偷盗 055
　　二、防范诈骗 057
　　三、远离传销 060
　　四、防止打架斗殴、校园欺凌 062
　　五、预防酗酒 067
　　六、消防、用电安全 067
　　七、交通安全 071
　　八、女生安全防范 072
　　九、实训、实习安全 073
　　十、社会实践安全 073

第五章　管理篇

　　一、常规管理 075
　　二、教室管理 093
　　三、宿舍管理 099
　　四、考核办法 107
　　五、教学管理 137
　　六、共青团工作 145

第六章　生活篇

　　一、作息时间 155
　　二、校园生活指南 160

三、资助工作 165

四、健康成才 168

第七章　德育篇

一、文化育人 180

二、安全育人 182

三、服务育人 184

四、活动育人 187

五、实践育人 194

六、环境育人 198

七、体育育人 202

第八章　技能篇

一、技能的重要性 209

二、如何学好技能 215

三、工匠精神、薪火相传 216

四、铸大国工匠、凝时代匠心 225

五、技能的"奥林匹克" 232

六、技能荣耀、硕果累累 240

第一章　学校简介

　　河南化工技师学院（以下简称学校）建于1978年，地处八朝古都、全国优秀旅游城市——开封市，隶属于河南省人力资源和社会保障厅，属高等职业教育范畴，是河南省唯一一所省属公办化工类技师学院，是河南省财政全额供给事业单位，是全国文明校园、全国五四红旗团委、国家级重点技工学校、全国职业教育先进单位、全国教育系统先进集体、全国职业教育德育先进单位、国家级高技能人才培训基地、全国石油和化工行业文化建设先进单位、世界技能大赛水处理技术项目中国集训基地、世界技能大赛化学实验室技术项目中国集训基地、全国石油和化工行业党建思想政治工作先进单位、全国石油和化工行业职业教育与培训全国示范性实训基地。学校占地面积300亩，现有建筑面积19.8万㎡，学生13000余人。

一、荣誉资质

　　河南化工技师学院的荣誉资质如下表所示。

学校荣誉资质

荣誉资质	颁发单位	年份
国家重点技工学校	中华人民共和国劳动部	2002
省级文明单位	中共河南省委河南省人民政府	2004～2019
省级卫生先进单位	河南省爱国运动委员会	2004～2020
石油和化工行业职业教育与培训全国示范性实训基地	中国石油和化学工业协会中国化工教育协会	2008

续表

荣誉资质	颁发单位	年份
全民技能振兴工程高技能人才培训基地	河南省人力资源和社会保障厅	2010
职业学校德育先进单位	中国教育报 中国教育学会	2010
河南省技工院校招生工作先进单位	河南省人力资源和社会保障厅	2011
职业教育攻坚工作先进集体	河南省人民政府	2012
中国石油和化学工业院校文化建设先进单位	中国石油化学工业联合会 中国化工职工思想政治工作研究会	2012
河南省技工院校招生工作先进单位	河南省人力资源和社会保障厅	2013
校企合作先进单位	河南省人力资源和社会保障厅	2013
国家级技工教育和职业培训精品教材建设贡献奖	人力资源和社会保障部	2013
河南省职业教育品牌示范学校	河南省人力资源和社会保障厅 河南省教育厅 河南省财政厅	2013
全国职业教育先进单位	教育部 国家发展改革委 财政部 人力资源社会保障部 农业部 国务院扶贫办	2014
国家中等职业教育改革发展示范学校	中华人民共和国教育部 人力资源和社会保障部 财政部	2015
中国石油和化学工业院校文化建设先进单位	中国石油化学工业联合会 中国化工职工思想政治工作研究会	2015
河南省五一劳动奖状	河南省总工会	2015
河南省教育系统先进集体	河南省教育厅 河南省人力资源和社会保障厅	2015 2018 2019
第二批河南省民族团结进步创建示范单位	河南省民族事务委员会	2017
国家级高技能人才培训基地	人力资源和社会保障部 财政部	2013 2017
省级卫生先进单位	河南省爱国卫生运动委员会	2018～2020

续表

荣誉资质	颁发单位	年份
国家技能人才培育突出贡献单位	人力资源和社会保障部	2018
河南省五四红旗团委	共青团河南省委	2018
河南省职业培训教研工作先进单位	河南省人力资源和社会保障厅	2018
全国教育系统先进集体	人力资源和社会保障部 教育部	2019
河南省文明校园标兵	中共河南省委员会 河南省人民政府	2020
全国五四红旗团委	共青团中央	2020
全国文明校园	中央精神文明建设指导委员会	2020
第45届、第46届世界技能大赛水处理技术项目中国集训基地	人力资源和社会保障部 第45届、第46届世界技能大赛中国组委会	2018 2021
第46届世界技能大赛化学实验室技术项目中国集训基地	人力资源和社会保障部 第46届世界技能大赛中国组委会	2021
中国石油和化工行业党建及思想政治先进单位	中国石油化学工业联合会 中国化工职工思想政治工作研究会	2021

二、专业设置

学校设七院一部一中心：化学化工学院、自动化学院、实验技术学院、机械工程学院、信息工程学院、现代服务学院、技工教育与新兴重点产业协同发展研究院、基础教学部和体育中心。学校设有高级工、预备技师、技师3个培训层次，开设有化工工艺、环境保护与检测、电子显微镜操作与维护、化工仪表自动化、3D打印技术应用、

中德BBW实训场

无人机操控技术、物联网技术、化工机械维修、数控加工、焊接加工、汽车维修、电气自动化设备安装与维修、楼宇自动控制设备安装与维护、工业机器人应用与维护、计算机动画制作、电子商务、航空服务、学前教育、建筑装饰等40多个常设专业和技能高考班。

▶▶▶ 三、硬件设施

学校建有整洁幽雅、常年葱绿、四季花香的花园式校园,有藏书23万余册的图书馆和5.2万㎡的实训大楼。建有数字教室、多媒体教室、电子阅览室、模拟仿真实训室;拥有共容纳1220余台计算机的多个机房和可放置95台万分之一精度的光学分析天平的天平室,以及化工分析、化工仪表、工业分析、化工原理、化工仪表自动化控制（DCS）、机械检测、金属材料金相及热处理、焊工、钳工、电工电子技术、计算机仿真等114个专业实训室。各个实验场所设施齐全、设备先进、管理规范。另外,学校还拥有覆盖全院教学楼、实验场所、学生宿舍、食堂以及室外公共场所的无线校园网,建有校园广播电视中心、"智慧课堂""豫化在线"平台,实现了校园无线上网及移动学习、工作、生活的数字化。

■豫化在线演播厅

▶▶▶ 四、校企合作

学校不断推进产教融合、校企合作,将焦点聚到专业上,重点落到培养上,亮点放到服务上,走出了改革创新之路。2012年,学校与北京中镜科仪技术有限公司合作,开设了全国

■电子显微镜博物馆

职业教育院校中唯一的电镜专业。9年来，电镜专业毕业生一百余人，就业去向为高校与科研院所。最典型的高校和院所有北京大学、清华大学、浙江大学、中国科学院化学所、中国疾控中心等。实现了学生的体面、高薪、稳定、可持续发展的高质量就业。学校先后协办、承办国家、省、市级别的各类学术会议，建成并开放国内唯一的电子显微镜博物馆，吸引了众多院士前来参观指导、走进专业开发、指导专业建设，使得院校技能人才培养与国家科技发展战略紧密结合。学校建成拥有18台电子显微镜和全套制样设备的电子显微镜测试中心，校企联办实验技术学院，挂牌成立"开封市电子显微镜技术服务工程技术研究中心"。目前，学校的电镜专业成为全国知名的品牌特色高新专业，成为学校乃至河南职教事业的一张亮丽名片。

学校借鉴德国"双元制"职业教育理念与河南心连心化肥有限公司实践探索"新型学徒制"，双方共同组成管理机构，共同制定培养方案，共同招工招生，共同设立课程体系，共同优化教学资源，共同建设实习基地，共同组建师资队伍，共同实施教育教学，共同开展教学评价，共同融合校企文化，实现专业发展与现代产业发展的深度融合，形成了以企业需求变化为导向、优化专业内涵的校企合作机制。近十年来的校企合作，培养了1500余名学员，受到了企业、学员、家长、学校、社会各界的一致赞扬。

学校不断推动校企合作模式改革创新，积极探索开展"多方共赢、校企合作"，努力构建"百花齐放"的合作格局，截至目前，学校为河南心连心化肥有限公司、湖北三宁化工股份有限公司、洛阳黎明化工研究设计院有限公司等26家企业在校培养培训3500余人，涉及化工工艺、化机维修、仪表自动化、电气自动化、工业分析等多个专业，校企合作结出了累累硕果。目前，学校与企业联办班规模不断扩大，联办班学员离职率低，企业、学校评价高，社会影响好，实现了多方共赢。学校被河南省人力资源和社会保障厅授予"校企合作先进单位"。

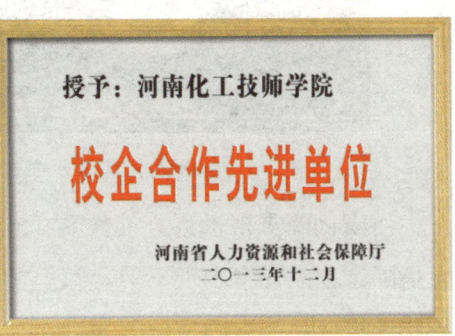

■ "校企合作先进单位"奖状

五、技能竞赛

学校以技能竞赛、创新竞赛、安全竞赛为抓手，通过参加全国技能大赛，入围了世界技能大赛国家集训队，建设有世界技能大赛中国集训基地、技能大师工作室，举办了"职业教育活动周"等活动。这些竞赛和活动激发了师生学技术、练本领的热情。自 2004 年至 2020 年，学校连续 17 年分别承办了河南省石化系统化工分析工、化工总控工、化工仪表维修工、化工维修钳工、焊接工、化工维修电工等 6 个工种的职工技能竞赛决赛，被河南省石油化学工会特别授予"突出贡献奖"，学校被认定为"河南省石化职工技能竞赛基地"。学校在全国、全省职业院校学生技能大赛中佳绩频传、硕果累累，一、二等奖获奖率远高于全国、全省大赛的设奖比例。

■河南化工技师学院师生折桂2011全国技能大赛

河南化院重视世界技能大赛工作，学生祁温岭、贺江涛在第 45 届世界技能大赛国家选拔赛中表现不俗。祁温领成功晋级水处理技术项目国家集训队，经过层层选拔，在最后国家队"四进一"考核中获得第 3 名。贺江涛成功晋级工业控制项目国家集训队,经过近7个月的集训,前后5次的考核,他最终以第一名的成绩成为第45届世界技能大赛工业控制项目中国国家队正选选手。在于俄罗斯喀山举行的第45届世界技能大赛上,他荣获工业控制项目铜牌,实现河南省技工院校学生参加世赛"0"的突破,开创了河南省技工院校参赛和获奖的历史先河!

在2020年举行的第一届全国技能大赛中,学校斩获1枚铜牌和4个优胜奖,其中,3个项目、4位选手挺进第46届世界技能大赛国家集训队,取得历史新突破!

■祁温领

■贺江涛

近年来师生参加全国大赛、世赛和河南省大赛获奖情况

类别	全国大赛							世赛
	团体奖				个人奖			
	一等奖	二等奖	三等奖	优胜奖	一等奖	二等奖	三等奖	铜牌
教师	1	3	10	3	9	8	7	
学生	15	11	12	0	40	38	19	1
师生总计	16	14	22	3	49	46	26	1

类别	河南省大赛							
	团体奖				个人奖			
	一等奖	二等奖	三等奖	优胜奖	一等奖	二等奖	三等奖	优胜奖
教师	未设	未设	未设	未设	28	26	25	3
学生	1	11	8	5	42	66	34	
师生总计	1	11	8	5	70	92	59	3

▶▶▶ 六、创新强校

近年来，学校以提高质量、提升效益为目标，以内涵建设为核心，以精细化管理为抓手，不断完善内部管理体系，着力抓好"创新强校二十四项工程"，即党建思政"铸魂工程"、安全工作"筑盾工程"、文明校园"引领工程"、文化建设"彩虹工程"、干部培养"栋梁工程"、师资队伍"名师工程"、班主任队伍"领雁工程"、团队建设"卓越工程"、科学管理"精益工程"、双高建设"内涵工程"、校企合作"多赢工程"、招生就业"三百工程"、社会培训"倍增工程"、技能培养"铸匠工程"、积极心理"蝶变工程"、学生培养"特长工程"、学生学习"抬头工程"、创新创业"双创工程"、专业建设"对接工程"、宣传工作"美誉工程"、数字校园"智慧工程"、技能援疆"援疆工程"、关爱职工"暖师工程"、珍爱师生"健康工程"，实现了多元发展、内涵发展、可持续发展、开放式发展和高质量发展。

创新强校二十四项工程

序号	工作事项	工程名称	简约解读
1	党建思政	铸魂工程	德技化院人，永远跟党走
2	安全工作	筑盾工程	安全第一，底线思维
3	文明校园	引领工程	文明引擎，发展动能
4	文化建设	彩虹工程	文化七彩，美美与共
5	干部培养	栋梁工程	立柱架梁，助校兴业

第一章　学校简介

续表

序号	工作事项	工程名称	简约解读
6	师资队伍	名师工程	师德高尚，能力高强
7	班主任队伍	领雁工程	春风化雨，化蛹为蝶
8	团队建设	卓越工程	落实落细，追求卓越
9	科学管理	精益工程	抓紧抓小，精益求精
10	双高建设	内涵工程	高工作标准，严工作要求
11	校企合作	多赢工程	工学结合，产教融合
12	招生就业	三百工程	高质量生源，高质量就业
13	社会培训	倍增工程	拓宽渠道，扩大规模
14	技能培养	铸匠工程	铸大国工匠，凝时代匠心
15	积极心理	蝶变工程	积极心理，阳光心态
16	学生培养	特长工程	文体闪亮，素质高强
17	学生学习	抬头工程	抬头听课，昂首做人
18	创新创业	双创工程	敢闯会创，安身立命
19	专业建设	对接工程	专业护航，精准对接
20	宣传工作	美誉工程	塑造形象，成就品牌
21	数字校园	智慧工程	智慧高效，互联互通
22	技能援疆	援疆工程	守望相助，共创幸福
23	关爱职工	暖师工程	幸福老师，和谐校园
24	珍爱师生	健康工程	慧爱生命，健康续航

七、师资力量

学校通过青蓝工程、校本研修、专家引领、外出培训、企业实践、岗位比武、大赛锤炼、社会服务、产教融合、锻造大师等十大途径实施"育师工程"，促进师资队伍整体素质提升，培育出了一支有理想信念、有道德情操、有扎实知识、有仁爱之心的教师队伍。

师德高尚、能力高强。多年来学校建设了一支数量充足、专业结构合理、素质优良的教师队伍，2019年荣获"全国石油和化工行业优秀教学团队"称号。现有在职教职工356人，其中国务院津贴专家3人，全国石油和化工职业教育教学名师9人，全国技术能手3人，全国青年岗位能手2人，河南省职教专家6人，河南省技术能手6人，全国石油和化工行业优秀技能人18人，教授8人、副教授47人。学校精心引进了"博士团"，将整体科研教学水平引向更高层次，在全省技工院校中遥遥领先。

2018年，在首届河南省技工院校教师职业能力大赛中，学校有17位老师获奖，获奖总数在全省参赛院校中名列第一。高美莹老师荣获人力资源和社会保障部主办的第一届全国技工院校教师职业能力大赛决赛工业综合与农业类一等奖。韩瑞娟老师荣获河南省中等职业学校班主任素质能力展示活动一等奖，全国中等职业学校班主任专业能力研学提升活动二等奖。杨丹老师荣获2020年河南省职业院校技能大赛中等职业学校班主任能力大赛一等奖。

学校教师荣誉

荣誉名称	人数	荣誉名称	人数
国务院特殊津贴专家	3	全国技术能手	3
人社部职业能力建设领域专家	1	全国青年岗位能手	2
全国石油和化学工业先进工作者	1	教授	8
全国石油和化工职业教育教学名师	9	国家级技能大赛裁判员	11
全国石油和化工行业优秀技能人才	18	国家注册安全工程师	8
全国石油和化工职业教育教学指导委员会委员	1	国家心理咨询师	56
全国石油和化工职业教育教学指导委员会各专委会委员	13	职业指导师	19
河南省政府特殊津贴专家	1	河南省技术能手	5
河南省职业教育教学专家	6	河南省学术技术带头人	1
河南省中等职业学校教育教学名师	4	开封市政府特殊津贴专家	1

八、社会培训

学校根据市场需求，加强培训团队建设，组建了适合化工企业需求的岗位技术培训团队，建有河南省安全生产监督管理局批准的安全培训中心，积极承担面向区域、产业的社会培训，能够进行产品研发、技术服务、职工培训、技能鉴定。危险化学品安全生产培训成为学校的品牌项目，每年培训危险化学品生产负责人、安全管理人员、特种作业操作人员3000人以上。学校积极开拓大学生的就业再教育市场、高技能人才培训市场，退伍兵培训及农村劳动力转移培训市场，不断拓展培训区域，形成立足全省、辐射周边的培训网络，赢得河南心连心化学工业集团股份有限公司、内蒙古亿利化学工业有限公司等省内外企业的广泛好评。近几年面向社会和企业开展的各种培训平均每年达5000人以上，社会满意率达90%以上，取得经济效益和社会效益双丰收。

九、校园文化

学校秉承"千里之行，始于足下"的校训，倡导"劳动创造美好生活"的化院价值观，熔铸"艰苦奋斗、踏实肯干、积极阳光、尊重包容、团结协作、精益求精"的化院精神，落实"做事先做人，做人德为先""铸大国工匠，凝时代匠心""教育工作活动化、教学工作一体化"的教育理念，

■校园文化广场

围绕"育人、育技、育师"三大重心，以"全国知名、省内一流""幸福老师、阳光学生、美丽校园""高技能人才的沃土、大国工匠的摇篮"为愿景，打造"德技双优的高技能人才培养培训品牌"，坚持"以服务为宗旨、以就业为导向、以化工为特色、以学生为中心、以能力为本位、以质量为核心、以改革创新为动力、

以发展为保障、以就业竞争力为目标、以满意度为检验标准"的办学方针，贯彻"以德立校、依法治校、质量强校、和谐兴校"的指导思想，深耕"高端引领、校企合作、多元办学、内涵发展、产教融合、工学结合、知行合一、德技双优"的办学理念，以"打造硬实力、强化软实力、培养综合力、提高竞争力、增强吸引力、扩大影响力、打响知名度、提升美誉度"为发展途径和重点任务，落实"关爱学生、服务发展、打造特色、德技双优、持续改进"的质量方针，朝着"实力化院、文化化院、文明化院、和谐化院、美丽化院、幸福化院"的奋斗目标阔步前进，逐步形成了"团结、进取、责任、奉献"的校风，"尚德、精学、严教、爱生"的教风，"尊师、守纪、勤学、诚信"的学风，"力戒浮躁、狠抓落实、与时俱进、再创辉煌""团结进取创名校、求实创新争一流""见面主动问好、微笑成为习惯、有错真诚道歉、谢谢常挂嘴边"的校园文化氛围。

十、硕果累累

针对技工院校学生的特点，学校探索出一套行之有效的教育教学方式方法，即教育工作活动化、教学工作一体化。第三方教育评价公司麦可思公司对学校2018届的毕业学生调查研究显示：学校毕业生对母校的总体满意度为92%，比全国高职院校平均值86%高6个百分点，就业率、就业专业相关度、就业满意度、校友推荐度等方面的调查数值均高于全国职业院校平均值，详细数据见表1。另外，学校毕业生中，有65%的人认为在校生活帮助自己在"遵纪守法""积极努力""追求上进"方面得到明显提高。

办学43年来，学校为社会输送了5万多名毕业生，为社会培训各类实用型技能人才5.5万多名。3名学生被团中央授予"最美中职生"荣誉称号，祁温岭同学更是被授予全国十佳、河南省唯一的"最美中职生标兵"荣誉称号。大部分毕业生成为企业骨干，多人获得省、市"五一劳动奖章""技术能手"，市和集团公司"劳动模范""先进工作者""三八红旗手"等荣誉称号。

风正帆悬启新航，挺立潮头勇争先。今天，蓬勃发展的河南化工技师学院被社会各界誉为"全国知名、省内一流""高技能人才的沃土、大国工匠的摇篮"。

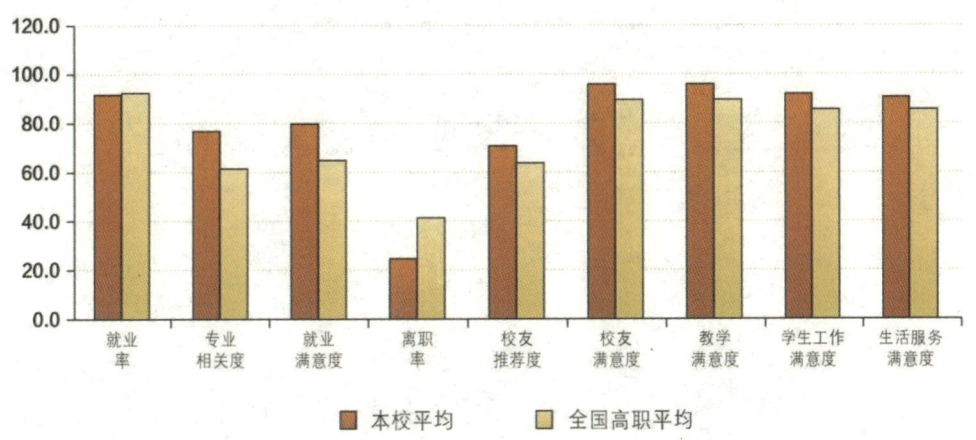

■2018年度毕业生调查数据与全国高职院校对比图

发展征程，弦歌不辍，学校全体教职工必将不忘初心，牢记使命，高举旗帜，团结奋进，与改革开放同行，与伟大时代共进，助力技能强国，建功立业新时代！

■河南化工技师学院校园一瞥

第二章 《弟子规》中的文明礼仪

《弟子规》原名《训蒙文》,是我国传统蒙学三大读物之一,由清代著名学者、教育家李毓秀所作。全篇文笔流畅,语言质朴,以三言韵文的形式讲述了"弟子"在家、外出、待人、接物、求学等方面应该遵守的行为规范,多方面阐释了做人、做事的道理,是一部让我们懂规矩、知礼仪的国学经典。

习近平总书记关于传承中华优秀传统文化提出了"两有""两相""两创"方针,即传统文化需要我们有鉴别地对待,有扬弃地继承;中华优秀传统文化必须与当代文化相适应、与现代社会相协调;中华文化要实现创造性转化、创新性发展。

不忘本来才能开辟未来,善于继承才能更好创新。学校一直鼓励同学们学习优秀传统文化,本篇将《弟子规》分类整理为个人规范、家庭成长、求学生活、社交活动四方面内容,同时结合当代文化、现代社会、学校教学、生活实际做出阐释,便于大家更好地学习理解。希望大家能够通过学习,在传统文化中汲取养分,不断增强文化自信,努力成长为"见面主动问好、谢谢常挂嘴边、有错真诚道歉、微笑成为习惯"的有德有礼的优秀青年。

▶▶▶ 一、个人规范

谈吐、外表、仪态是个人礼仪中的重要组成部分,都会真实反映一个人的修养、气质、性格、爱好,甚至是个人追求,是一个人向外界传达的重要信息。

（一）语言

凡出言，信为先。诈与妄，奚可焉。

《说文解字》中对"信"的解释是"诚也"，可见在古人心目中诚、信是密不可分的。每个人都要为自己的言行负责，因此我们讲话一定要注重诚信，不要信口开河，夸大其词。一诺千金、君子一言驷马难追这些词语的背后，都是一个个高风亮节、德艺双馨的动人故事。以诚待人、言而有信，别人才会认可你、尊重你。

话说多，不如少。惟其是，勿佞巧。

每个人都有两个耳朵，一个嘴巴，就是让我们多听少说。《论语》里讲"君子欲讷于言而敏于行"也是让我们少说多做。说话是一门艺术，说话之前先思考，少说多做，有时候言多易有失。我们说话最基本的前提是讲真话，切不可花言巧语、巧言令色。

奸巧语，秽污词。市井气，切戒之。

阿谀奉承心怀叵测的语言、污秽不堪的词汇、添油加醋的家长里短，一定不要说。

见未真，勿轻言。知未的，勿轻传。

日常生活中遇到事情，在不明原因没有确凿的证据时不要轻易下结论。即便是亲眼所见，也有可能只看到局部或存在误解，因此不要随便议论他人，自己不清楚不了解的事情更不要随意传播。大家都听过"流言猛如虎"，流言会对当事人造成极大的伤害。还有一句谚语是"谣言止于智者"，用智慧把自己的头脑武

装起来，对于不实的消息自然就有了分辨能力。

凡道字，重且舒。勿急疾，勿模糊。

说话时，应吐字清晰、声音洪亮、语言流畅，切忌讲话太急太快，含糊不清。

彼说长，此说短。不关己，莫闲管。

我们身边每天都会发生许多事情，有人说长，有人道短，这是正常现象。如果事情本身和我们关系不大，就不要多加理会。但也要明白，见义勇为、助人为乐都值得我们尊敬和学习。

人有短，切莫揭。人有私，切莫说。

自己的亲朋好友有缺点，我们应该指出并帮助他改进，这是好心提醒。但在公共场合说别人的短处，就有揭短让人当众出丑的嫌疑，容易惹人不悦。他人的隐私不要打听，更不能随意传播。在网络发达的今天，更要注重个人和他人隐私的保护，不能未经允许就把别人的信息上传到网络。

第二章 《弟子规》中的文明礼仪

道人善，即是善。人知之，愈思勉。

一个人偶然做了件好事，你不断地称赞他，就会勉励他做更多好事。一个人经常做好事，我们多去宣扬，知道的人也会以他为榜样激励自己。宣传别人的优点，本身就是一种善举，我们应该说好话、做好事、当好人。

（二）仪表

朝起早，夜眠迟。老易至，惜此时。

养成良好的作息习惯，早起锻炼身体，晚上按时休息，须知时光易逝，要抓紧分分秒秒。

晨必盥，兼漱口。便溺回，辄净手。

清晨起床后要洗脸洗手，刷牙漱口，避免给他人蓬头垢面的印象。每次大小便后，都要清洁卫生间并把手洗干净。

冠必正，纽必结。袜与履，俱紧切。

衣服要穿戴整齐，系好纽扣，不随意卷挽衣服。尤其在大型集会时，应保持扣子扣紧、拉链拉上。日常保持鞋袜干净，有鞋带的鞋子应系紧鞋带，袜子要完整无破洞，成双穿着。俗话说"寒露不漏脚"，过了寒露就要停止"秋冻"，袜子也要从夏季的船袜换成长袜，不宜露出脚踝。

置冠服，有定位。勿乱顿，致污秽。

回到宿舍，脱下来的衣物，应当固定在一个地方摆放，不能随意扔在桌上、床上，以免把衣服弄脏弄皱。用包应注意包内物品摆放整齐，进入公共场所背包应放在指定位置，不要妨碍到他人。

衣贵洁，不贵华。上循分，下称家。

日常的着装打扮应该注重整洁干净，而不是华贵奇特。衣服的款式也应该适合自己的年龄和身份，购买的衣物要与自己的家境状况相称，不过分追求名牌。教养不是奢华的服装，而是谦逊、从容，力求真善美的品格。

（三）行为

对饮食，勿拣择。食适可，勿过则。

均衡饮食，营养配餐，不要挑食，更不要在餐厅里买了饭菜，才吃几口就马上倒掉。"谁知盘中餐，粒粒皆辛苦"是我们从小就会背诵的诗句，大家还在长身体的阶段，要吃饱吃好，但也要懂得适可而止，不要因为积食引起不适。在餐厅点餐的时候要和颜悦色，尊重厨师。用餐完毕送餐具的时候也要注意分类放置，尊重餐厅工作人员的辛苦劳动。

第二章 《弟子规》中的文明礼仪

年方少，勿饮酒。饮酒醉，最为丑。

中国自古以来都有独特的酒文化，酒能助兴，也能解忧。与酒相关的故事和词语更是比比皆是。但大家现在的年龄并不适宜喝酒，切不可因为没有自制力而酒醉误事，不仅丑态百出，还会伤及健康，让家人、老师、朋友担忧。

步从容，立端正。揖深圆，拜恭敬。

走路时要从容大方不紧不慢，站立时要挺胸抬头，端庄大方。对长辈或师长行礼的时候要恭恭敬敬。

勿践阈，勿跛倚。勿箕踞，勿摇髀。

过门或者在门口站立时，不要把脚踩在门槛上，更不要将腿斜靠着墙壁或在门框站立。落座时不要把两腿叉开，更不要抖动双腿。

缓揭帘，勿有声。宽转弯，勿触棱。

进门时，身后有人应帮忙留一下门，冬季用来挡风的门帘要帮身后的人带一下。无论是开、关门或掀帘，都应动作放慢，以免误伤同行的人。走路时遇到转角，应转弯的角度大一些，避免与他人或者物体相撞。

执虚器，如执盈。入虚室，如有人。

拿着空的器皿，也要将它想象成装满了东西，这样拿着的时候自然会小心翼翼，不随意晃动，自己也不容易受伤。进到无人的房间，应该当成是有人在的，不要随意翻动别人的东西。即便在自己家中，也应穿着得体的家居服，不仅仅是应对突然到来的访客，也是一种对自我修养和仪态的要求。

事勿忙，忙多错。勿畏难，勿轻略。

做事情切忌急躁，更不要慌乱，否则容易出错，可能原本的好事也会变成坏事。遇难事不要有畏难情绪，迎难而上寻找破解之道，人生才有成长。面对简单的事情，也不要觉得它可以轻松完成而不重视，麻痹大意最不可取。

斗闹场，绝勿近。邪僻事，绝勿问。

打斗喧闹的场所不要靠近，违法乱纪的事情，绝不涉及。邪乎的事情，不要去打听，更不要传播。相信大家完成学业课程、掌握技能，随着年龄增长、阅历增加，有了鉴别判断的能力之后，能够更好地在社会上生存发展。

二、家庭成长

"天地之性，人为贵；人之行，莫大于孝。"中国自古重视孝道、重视家庭、重视亲情，在家中我们应该遵守哪些礼节，应该怎样与长辈相处呢？《弟子规》中也有明确的要求，指导我们如何用自己的"寸草心"来报答父母的"三春晖"。

（一）听从父母教导

父母呼，应勿缓。父母命，行勿懒。

父母在叫你的时候，应尽快答应。父母有事情让你去做，也应该尽快完成，不要拖沓懈怠。我们生活在信息发达、物质丰富的社会，可能父母在叫你的时候，你正在听歌、玩游戏、看电影、聊天、做着自己的事情，但一定要快速应答去看看父母有什么事情呼唤我们。孝顺应该是从身边的点滴小事做起，不是等赚大钱再来报答父母。父母的要求从来不高，可能只是孩子健康成长，全家在一起好好吃饭。因此不管是父母的呼唤，还是父母的命令，我们都应尽快做到。千万不要变成"手机呼，我不缓；游戏令，行不懒"，到了父母呼就迟又缓，看似事小，实则不孝。

父母教，须敬听。父母责，须顺承。

父母说教，应该恭敬地听完。父母训斥责备的时候，即便有委屈也要先顺从地接受。如果被父母误解，可以事后等父母心绪平静的时候，好好解释。如果对于事情有不同的看法，也可以提出来，与父母商议，看是不是自己的想法出现了问题。

出必告，反必面。居有常，业无变。

如果出门一定要告知父母和谁一起出去了，大概什么时间回来，有状况发生要第一时间通知父母，回到家里先跟父母见面，避免父母担心。周一至周五大多数同学都在宿舍，如果周五打算回家，要提前告知父母，周日回到学校，也应该给父母打电话

或者发短信报平安。现在生活节奏加快，如果今后同学们到大城市发展，长久保持住所不变并不现实，因此一旦自己更换住所或者更改联系方式都要第一时间通知父母。

> **亲爱我，孝何难。亲憎我，孝方贤。**

一家人在一起相亲相爱，我们做到孝顺、懂事并不困难。但受到家人朋友误解和怨怼时，还能宽容以待，才更加难能可贵。

> **兄道友，弟道恭。兄弟睦，孝在中。**

兄长疼爱弟弟，弟弟尊敬兄长，兄弟和睦，是家庭幸福的基础之一，更是对父母孝顺的表现。

（二）体贴照顾长辈 思念感恩长辈

> **亲有疾，药先尝。昼夜侍，不离床。**

医学发展到现在，并不需要我们为亲试药，但如果家中亲人生病，体贴的照顾是我们应尽的义务。平时如果和父母、祖父母不在一起生活，也要时常牵挂，经常打电话、发信息问候。

> **亲所好，力为具。亲所恶，谨为去。**

记住长辈日常生活中的喜恶，喜欢的，我们应该尽力去满足，讨厌的，我们应该放弃。做个有心人，记住长辈的生日，在生日前一天或者当天问候，有条件的应该当面祝福，至少送去一个电话问候。

> **身有伤，贻亲忧。德有伤，贻亲羞。**

有句俗语"伤在儿身痛在娘心"，我们应该加强锻炼，给自己一个强健的体魄，不仅是为了自己，更是为了不让家人担忧。要坚持修炼端正的品行，不让人唾弃，否则会连带自己的亲属一起蒙羞。

（三）常与父母沟通

亲有过，谏使更。怡吾色，柔吾声。

人无完人，家中长辈也可能有做错或欠妥的事情，这个时候我们应该及时提醒并劝阻，但我们毕竟是晚辈，一定要注意自己的态度、方法、语言和场合。我们劝谏的时候应该用恭敬的态度，委婉的语言。

谏不入，悦复谏。号泣随，挞无怨。

如果我们进行了劝谏，父母依然不理会，应该等父母平静下来，情绪稳定之后再次劝谏。多次尝试均以失败告终，那么我们不惜哭谏，也要尽力劝阻父母。唐太宗李世民就有一个哭谏追师的故事，正是他的一番号啕大哭，坚定了李渊继续攻打的信心，才有了后来的大唐盛世。

羔羊跪乳、乌鸦反哺，动物尚且有情有义，我们更应常怀感恩之心，感谢父母为自己的付出。孝顺绝不仅仅是物质上的满足，更多的是在情感上、心灵上、日常生活中对父母的感恩和陪伴，其实我们很多小的举动都能让他们心生慰藉，比如在校期间每周至少给父母打一个电话，询问家中情况，关怀父母身体健康。父母的生日、母亲节、父亲节等特殊日子及时为他们送上祝福，都能让父母感受到我们的孝心。进入社会，我们更要知道感恩那些曾经对我们有帮助、有道义的贵人，唯有如此，人生才能走得更顺利更宽广。

三、求学生活

求学是我们人生中必不可少的经历，无论年长还是年少、无论修身还是求成，学习都至关重要。"独学而无友，则孤陋而寡闻。"因此我们需要进入校园，在老师的指引下，同学间的切磋中，掌握正确的学习方法，丰富自己的知识。

（一）读书习惯

房室清，墙壁净。几案洁，笔砚正。

教室或书房要保持干净整洁，墙壁上不要乱涂乱画，书桌上不要摆放与学习

无关的东西，自己的文具也要经常整理，需要的时候可以立刻拿到。我们日常学习的教室和实训场都有明确的6S要求，只要大家遵守规章制度，就能养成一个良好的习惯。

墨磨偏，心不端。字不敬，心先病。

"字如其人""见字如面"从这些词都可以看出，字对于每个人的重要性。可以写一手漂亮好字的人一定是让人敬佩的，因为他一定付出了长期的努力。不要求大家的字一定要像书法家那样俊逸潇洒，但要做到最基本的一笔一画、端正大方，认真对待自己写出的每一个字。

列典籍，有定处。读看毕，还原处。

书本和学习的工具应该有固定的摆放位置，使用完毕之后要放回原处。

虽有急，卷束齐。有缺坏，就补之。

正在读书的过程中突然需要离开，应该把书合起来放好。平时要注意爱惜书籍，不要随意将纸张卷折。可以给书包个书皮，发现书损坏应及时修补。这句话在古代有另外的意义，印刷术发明之前，书籍大多是孤本，或是手抄的摹本，珍贵无比，有书籍的多是富裕家庭，平民是很难获得书本的。卷束齐也是特指，在纸张发明之前，古人会把字写在竹简或者布帛之上，合起来之后呈卷轴状，因此才有书卷之说。

非圣书，屏勿视。蔽聪明，坏心志。

在求学阶段，除了自己专业的书籍之外，应该多看一些经典名著以及激发正能量的书籍。每年的四月二十三日是"世界读书日"，包括中央电视台在内的多家权威媒体都会进行年度好书推荐，值得关注。他们会对各个领域的书籍进行盘点，推荐出该年度最受欢迎、最值得阅读的书籍，大家可以按照自己的喜好进行选择。任何书籍都是可读的，读好书如交益友，学生时代应多读圣贤之书。一些有争议的书籍尽量不去看，避免误入歧途。

（二）学习方法

读书法，有三到。心眼口，信皆要。

读书学习的方法，有三点很重要，即"三到"。第一要心到，排除杂念专心致志；第二要眼到，仔细看书本上的文字，不要一眼带过；第三要口到，读书大声诵读。三者结合，可以集中注意力，让你在学习的时候更加专注，提高学习效率，做到事半功倍。

方读此，勿慕彼。此为终，彼勿起。

读书，不要读到一半就换另一本，浅尝辄止的学习是起不到作用、达不到效果的。把一本书读完、读精、读透，再学习下一本，要培养自己持之以恒的学习精神。

宽为限，紧用功。工夫到，滞塞通。

制订学习计划的时候，可以制定得宽松一些，但执行计划的时候一定要抓紧时间往前赶，尽量提早完成，给自己留有检查的余地。切不可用计划赶不上变化之类的托词，为自己违反计划的行为开解。一定要养成今日事今日毕的好习惯。下苦功夫学习，才有可能在知识的积累中解开自己之前的疑惑，在遇到贵人点拨时，才会有一点就通的悟性和举一反三的能力。

心有疑，随札记。就人问，求确义。

在学习的过程中，遇到问题一定要随时记下来，找机会询问别人，获得正确的答案。网络通信发达的今天，我们应该养成遇到问题立刻搜索的习惯，找老师、问同学、搜网络都是获得解答的有效办法。

（三）注重实践

不力行，但学文。长浮华，成何人。

光会纸上谈兵，不注重实际锻炼的人，往往会眼高手低，在实际行事中也易出问题。如果只知道读书，不亲身实践，就会变得本本主义。不注重培养自己的践行精神，所学知识就无法正确运用，一味地死读书、读死书，只会让人变得夸夸其谈、无法解决实际发生的问题，会给人华而不实的感觉，从而让他人质疑能力和品行。

但力行，不学文。任己见，昧理真。

如果一味地去实践，而不去进行理论知识的更新学习，就会陷入经验主义。在今后的学习生活中，大家的课程会被分为理论和实训两种，目的就是让大家在做中学，学中做，理论结合实践，把知识真正学懂、弄通。"万般皆下品，唯有读书高"，古人认为读书入仕才能实现自己的理想抱负，他们成才的通道只有一条。但我们不一样，普通教育有高考，职业教育有世赛。只要你肯努力肯用心，一样可以追逐梦想实现人生价值，为自己博得一个灿烂的未来。

▶▶▶ 四、社交活动

出小家，进大家，经过学校的小课堂，进入社会这个大学堂，我们要掌握更多的个人行为规范，明白人与人之间的交往准则。

（一）社交原则：诚信友善

将入门，问孰存。将上堂，声必扬。

进别人家之前，应先敲门或询问家中是否有人。平时在宿舍也不要因为同学之间关系好，就随便推开别人寝室的门，更不要在没有人的时候随意进出，这是对别人隐私的尊重。

人问谁，对以名。吾与我，不分明。

敲门后，别人问是谁，一定要回答名字。不要简单地回答一个"我"，别人并不一定能听出你的声音，一定要表明身份。

用人物，须明求。倘不问，即为偷。

想用别人的东西，一定要当面借。如果不询问别人，私拿私用，就是偷。我们应该养成良好的行为习惯，尊重物品的主人，物不苟取，拾金不昧。

借人物，及时还。后有急，借不难。

俗话说"好借好还，再借不难"，借人东西一定要爱惜使用、及时归还。物品的主人会相信你的品行，如果你今后再有需要，也不会难以借到。

财物轻，怨何生。言语忍，忿自泯。

钱财乃身外之物，我们要学会创造财富的技能，但不能唯利是图，把钱财看得太重。人与人之间更应重情感、轻财物，如此便可减少许多恩怨纠葛。与人交谈要注意分寸，学会宽容忍让，不要恶语相向。

事非宜，勿轻诺。苟轻诺，进退错。

世间没有什么事情，是轻而易举就能做的，因此不要随便答应别人。承诺的

事就要尽力做到，否则就会进退两难，变得狼狈不堪。

见人善，即思齐。纵去远，以渐跻。

古人常说，"高山仰止，景行行止"。这句话的意思是品行才学像高山一样，让人不禁按照他的行为作为准则。这是在说榜样的重要性。看到身边的同学、朋友具有优秀的品质，我们也要向他学习，迎头赶上。即便你们之间相隔甚远，只要快马加鞭，或者每天进步一点点，就算赶不上，你也会变得越来越优秀。

见人恶，即内省。有则改，无加警。

看到别人的缺点，要反省自己身上有没有类似的问题。有要尽快改掉，没有也要警醒自己不要犯类似的错误。俗话说"吃一堑长一智"，如果可以"看别人吃堑自己长智"，岂不更好。

唯德学，唯才艺。不如人，当自砺。

资讯发达的现在，我们经常可以从网页新闻或者公众号的推送中看到很多成功学的内容。我们可以轻易获知他人的成就，给自己找到很多学习的榜样。可是究竟哪些内容才是我们真正应该学习的呢？德学和才艺，是我们真正要学习的内容。我们对成功的理解应该更全面，看一看你的偶像、你眼中的成功人士，他们身上一定有关于"德、学、才、艺"的过人之处。我们很容易知道自己的优点，但更多时候要直面自己的缺点，才能得到更大的成长空间。

若衣服，若饮食。不如人，勿生戚。

衣、食、住、行，不必与人攀比，我们现在所拥有的就是适合我们的。一个人的自尊自爱并不体现在衣服和饮食上，而是个人的素养与品质。

闻过怒，闻誉乐。损友来，益友却。

损友和益友这两个词的意义大家都明白，如果我们只喜欢听夸奖，却不愿意接受批评，真心为你好的朋友会渐行渐远，身边留下的都是一些溜须拍马、对你有害的人。

闻誉恐，闻过欣。直谅士，渐相亲。

听到别人的夸奖应觉得诚惶诚恐，思考自己有没有别人讲的那么优秀，是否需要更努力。听到别人的批评，应感到欣喜并认真思考、尽快修正。谦逊的人周边会有一帮正直善良、志同道合的朋友，大家一起努力奋斗。

无心非，名为错。有心非，名为恶。

在成长过程中，我们都可能会犯错。无心之失，可称之为"错"，但有心做坏事，就是"恶"。无心非到有心非，错与恶只是一念之差，大家一定要树立做人做事的正确准则，明白利害关系。

第二章 《弟子规》中的文明礼仪

过能改，归于无。倘掩饰，增一辜。

知错能改善莫大焉，有了过错应修正，尽力弥补，过错才可能会因为我们的悔过逐渐消失。但如果遮遮掩掩，撒谎诓骗别人，只会错上加错。在校期间，如果发生违纪，一定尽快跟班主任老师讲明情况，学校和老师才能快速处理。

能亲仁，无限好。德日进，过日少。
不亲仁，无限害。小人进，百事坏。

我们常说"近朱者赤，近墨者黑""物以类聚、人以群分"，因此一定要谨慎选择自己的交友圈，和那些品行好、知耻懂礼的人做朋友，潜移默化之间提升自己的品德和修养，使自己少犯错误。我们要主动远离坏朋友，亲近好朋友。那些以哥们义气要求你去帮忙打架的，拉着你去吸烟、喝酒、通宵上网的朋友，一定会打翻你们友谊的小船，甚至会给你带来更多伤害。而那些愿意指出你错误并帮你改正，在生活中照顾你、在学习上帮助你的朋友才是真正的好朋友。

（二）社交言语：辞令规范

称尊长，勿呼名。对尊长，勿见能。

在家中对长辈不要直呼其名，在学校也不能直接称呼老师的名字，在职场更要注重上下级关系，不要直呼上司的姓名。我们有很多尊称或者固定称谓可以代替，这在我们的传统文化中几乎是约定俗成的。在长辈面前不要显摆自己的能力。

（三）社交行为：举止规范

或饮食，或坐走。长者先，幼者后。

长幼有序一直是我国的传统，吃东西、喝东西，进门先后，坐下和行走的时候，都要遵循长者在前，幼者在后的顺序。长幼除了用于年龄区分之外，还适用于大家工作之后的师徒关系、上下级关系等。

事诸父，如事父。事诸兄，如事兄。

尊老爱幼是我们的传统美德，对待他人的父母兄弟姐妹要像对待自己的亲人一样尊敬友善。

长者立，幼勿坐。长者坐，命乃坐。

长者站着，我们不要坐下。长者让我们坐下时，不论长者站或是坐，我们都应该端正坐好，并关注长者的动态。

尊长前，声要低。低不闻，却非宜。

我们都知道与长辈说话要称呼"您"，除此之外还应该注意自己的声音，不宜过大。但有时候长者年纪大了可能有些耳背，讲话的声音太小听不清也不合适，因此要视情况而调整自己的音量。

进必趋，退必迟。问起对，视勿移。

去见长辈时应快步上前，与长辈交流应耐心细致，交谈完毕时，减慢动作速度，不要给他们迫不及待结束谈话、赶紧离场的感觉。被长辈或者老师要求回答问题时，应该立刻起身，不要东张西望，更不要眼神飘忽不定。

凡是人，皆须爱。天同覆，地同载。

优秀传统文化讲究天人合一，提倡顺势而为。这要求我们有一颗博爱之心，无论是对人、对事、对动物、还是对自然。因此，在日常生活中我们要爱护家人、善待他人、关爱动物、敬畏自然。

行高者，名自高。人所重，非貌高。

我们常说"人不可貌相，海水不可斗量"，其实就是让我们不要"外貌协会"，看一个人要更加关注他的内在。品德优秀的人，自然就会获得贤名。

才大者，望自大。人所服，非言大。

如果觉得自己才华出众，希望得到别人的认可，不要夸夸其谈，到处宣扬。是金子总会发光的，在日常的学习生活中，刻苦努力，做到德技双修，有了真才实学和高尚的品德，老师和同学都会看在眼中记在心里。低调做人，高调做事，你的人生会更加出彩。

己有能，勿自私。人有能，勿轻訾。

我们学到了知识，获得了能力，不要自私不愿分享，往往大家在一起思维碰撞，才会获得灵感的火花。看到了别人的长处，不要贬低别人，应该主动学习。每个学期学校都有奖学金的评比，嘉奖那些成绩优异、品行出众的同学。不要因为分数一时的高低，心生嫌隙，更不要恨人有、笑人无，要学会尊重包容、团结协作、共同进步。

勿谄富，勿骄贫。勿厌故，勿喜新。

不要阿谀奉承做一个羡慕权贵的人，更不要因为某人经济状况不好而轻视他、看不起他。不要喜新厌旧，对物品如此，对人更要如此。有一点怀旧情怀，有一颗感恩之心，守住我们做人做事的道德水准。

人不闲，勿事搅。人不安，勿话扰。

别人忙碌的时候，不要随便去打搅。别人正在说话时，不要轻易打断插话。与人电话沟通时，可以先问一下对方是否方便接听。通过QQ、微信等社交软件和老师交流时，先礼貌问好，再说明情况，即使老师当时有事情无法及时回复，事后也会帮助大

家答疑解惑。不要简单地给别人发送一个"在？"或者"？"来替代询问。别人心绪不宁的时候，不要说一些闲言碎语影响他人情绪。人们情绪起伏较大的时候，往往听不进去他人的建议，有可能好心办坏事。

善相劝，德皆建。过不规，道两亏。

与人交往的过程中，要相互勉励，积极从善，这样两个人的品德都会有所提升。但如果发现了对方的过失，却不指出来，两个人品德上都会有亏损。日常生活中，要多交良师益友，一个好的朋友圈会使人受益终生。

第二章 《弟子规》中的文明礼仪

凡取与，贵分晓。与宜多，取宜少。

俗语说"亲兄弟明算账"，拿或给，都要清清楚楚、明明白白。如果因一时之急开口向别人借取，自己一定要记清楚，尽快归还。朋友交往过程中，尽可能多给予，而不是一味索取。

将加人，先问己。己不欲，即速已。

"己所不欲，勿施于人。"在我们要求别人做事之前，先问问自己是否愿意，能否做到。假如自己都不情愿，那就不要强加在别人身上。

恩欲报，怨欲忘。抱怨短，报恩长。

多记别人的好，常怀感恩之心，感谢自己人生中遇到的贵人。和别人之间的恩怨，尽可能忘记，冤冤相报不是长久之道。我们要学会调节自己的情绪、调整自己的心态，不抱怨，多报恩，才能感受到生活中更多的美好。

待婢仆，身贵端。虽贵端，慈而宽。

现代社会已经没有奴仆的概念。为我们生活提供便捷的，是各种服务行业的工作人员，如商场的销售人员、酒店的服务人员、道路的清洁人员等。职业没有贵贱之分，我们应该尊重每一位劳动者。不同的情况下，我们的身份也会发生转变，可能是消费者，也可能是服务者。在餐厅吃饭时、在商场购物时，礼貌接受服务，感谢别人的付出，是自身修养的体现。在校园里，无论是领导、老师、门卫师傅、园艺工人、食堂工作人员，都是我们美丽校园的建设者，都是陪伴、呵护我们成长的亲人，值得我们尊重！一句问好、一个微笑，都能换来彼此最真心的付出。要让"见面主动问好，谢谢常挂嘴边"成为日常的习惯。

势服人，心不然。理服人，方无言。

在日常生活中，我们要做到以理服人、以德服人，做事明理、信守礼仪，让别人心悦诚服，而不是仗势欺人、恃强凌弱。

勿自暴，勿自弃。圣与贤，可驯致。

我们要不断修炼自身，崇德向善、明德惟馨，弘扬和传承中国优秀传统文化，从中汲取力量，做一个"爱国、敬业、诚信、友善"的人；不要自暴自弃，要从圣贤、英雄的身上汲取积极的力量，不断地淬炼自己，做一个"大写的人"。

中华民族历来以"礼仪之邦"著称，讲文明、懂礼貌是中华民族的传统美德。

中国特色社会主义也是物质文明和精神文明全面发展的社会主义。党的十九大指出，青年是最能引领风气之先的力量，青年一代的道德水准和精神面貌很大程度上代表了一个民族的文明素养。作为技师学院的青年学子，我们应提升道德修养，注重道德实践，时刻牢记做事先做人、做人德为先的校园文化理念，以自己的实际行动崇德修身，以身作则带头倡导良好的社会风气，促进社会道德的进步。做个明大德、守公德、严私德的社会主义事业的建设者和接班人。

第三章　国防篇

▶▶▶ 一、国防知识

（一）国防的概念

国防，就是国家的防务，是国家为防备和抵抗外来侵略，制止武装颠覆，捍卫国家主权、领土完整，维护国家安全、统一和发展而进行的军事及与军事有关的政治、经济、外交、科技、教育等方面的活动。简单理解就是保卫国家、人民的安全不受侵犯。

现代国防以军事力量为核心，还包括有关的非军事力量；它重视国家的战争潜力，特别是战时的动员效率；它还是以经济和科技为主的综合国力的竞争。现代军队是知识和科技密集的武装集团，强调质量建军胜过"人海战术"。和平时期国防的作用是威慑，要求不战而胜；战时国防的责任是实战，目标是胜利。

（二）国防的意义

国防伴随国家的建立而产生，服务于国家利益。丘吉尔有一句名言："我们没有永恒的朋友，也没有永恒的敌人，只有永恒的利益。"此言一语中的。国防直接关系国家的安全、民族的尊严、社会的发展。

国防的主体：国家。

国防的目的：捍卫国家主权、维护国家统一、保卫国家的领土、保障国家的安全。

国防的手段：军事、政治、经济、外交等。

（三）国防教育的概念、内容、目的

1. 概念

国防教育是对全体公民进行一定的战争观、国家安全观、利益观以及国防知识的宣传教育。

2. 内容

国防教育的主要内容包括：国防理论、国防历史和地理、爱国主义思想、革命英雄主义精神、国防法制、国防常识、国防科技知识、国防体育等。

3. 目的

通过开展国防教育，使公民增强国防观念，掌握基本的国防知识，学习必要的军事技能，激发爱国热情，自觉履行国防义务。

二、新中国的国防成就

中华人民共和国成立以后，我国的国防建设逐渐发展起来。在党和国家的高度重视下，半个多世纪以来，国防建设取得了举世瞩目的巨大成就。

①建立和完善了中国特色的武装力量领导体制。我国的武装力量领导体制，是在长期的革命战争中形成和发展起来的，并随着社会主义建设的不断深入而日渐完善。

②进一步发展和健全了"三结合"的武装力量体制。武装力量是国家的正规军和其他武装组织的总称。根据《中华人民共和国国防法》的规定，我国的武装力量由中国人民解放军（包括现役部队和预备役部队）、中国人民武装警察部队

■中国人民解放军军徽

■中国人民解放军军旗

和民兵组成，实行"三结合"的武装力量体制。

③中国人民解放军的现代化、正规化和革命化建设有了突破性的进展。

④形成了门类齐全、综合配套的国防科技工业体系。

⑤国防后备力量建设取得了长足的进展。

⑥国防法规建设取得了显著成效。国防法规是国家法律的重要组成部分，是加强国防和武装力量建设的基本法律依据，是调整国防领域中各种关系、坚持依法治军、全面提高部队战斗力的重要保证，也是做好战争准备、赢得战争胜利的根本保障。

几十年来，新中国的国防法规建设在党和政府的高度重视下，取得了显著成效，其范围十分广泛，内容十分丰富。从已经颁发的国防法规来看，主要分为以下几个等级：

一是由全国人民代表大会及其常务委员会颁发的国防和军队建设的法律以及有关法律问题的决定，如《中华人民共和国国防法》《中华人民共和国兵役法》《中华人民共和国国防教育法》等。

■中华人民共和国国防法

■中华人民共和国兵役法

二是由国务院、中央军委制定的军事行政法规，如《国防交通条例》《征兵工作条例》等。

三是由中央军委制定的军事法规，如《中国人民解放军司令部条例》《中国人民解放军政治工作条例》等。

四是由各总部、各军兵种、各军区制定的军事规章，如海军颁发的《舰艇条例》、空军颁发的《飞行条例》等。

五是各省、自治区、直辖市制定的地方性法规，如《关于加强人民武装部建设意见》《国防教育条例》等。

三、国防常识

（一）中华人民共和国国旗

中华人民共和国国旗是五星红旗。

中华人民共和国国旗是中华人民共和国的象征和标志。每个公民和组织，都应当尊重和爱护国旗。

中华人民共和国国旗制法说明于1949年9月28日由中国人民政治协商会议第一届全体会议主席团公布。

■中华人民共和国国旗

红色的旗面象征着革命，而黄色的五角星则能在红地上"显出光明"。四颗小五角星环绕一颗大五角星，象征着中国共产党领导下的全国人民的大团结。四颗小五角星各有一尖正对大五角星的中心，代表着围绕一个中心的团结。

（二）中华人民共和国国徽

中华人民共和国国徽，中间是五星照耀下的天安门，周围是谷穗和齿轮。

中华人民共和国国徽是中华人民共和国的象征和标志。一切组织和公民，都应当尊重和爱护国徽。

中华人民共和国国徽图案于1950年6月28日中央人民政府委员会第八次会议通过。

国徽的内容为国旗、天安门、齿轮和麦稻穗，

■中华人民共和国国徽

象征中国人民自"五四"运动以来的新民主主义革命斗争和工人阶级领导的以工农联盟为基础的人民民主专政的新中国的诞生。

四颗小五角星环绕一个大五角星，象征着中国共产党领导下的全国人民的大团结；齿轮和麦稻穗象征着工人阶级领导下的工农联盟；天安门则体现了中国人民的革命传统和民族精神，同时也是我们伟大祖国首都北京的象征。

（三）中华人民共和国国歌

中华人民共和国国歌是中华人民共和国的象征和标志。一切公民和组织都应当尊重国歌，维护国歌的尊严。

中华人民共和国国歌是《义勇军进行曲》，由田汉作词、聂耳作曲，诞生于1935年，被称为中国民族解放的号角。1949年中国人民政治协商会议决定将其作为国歌，体现了中国人民的革命传统和居安思危的思想。

《中华人民共和国国歌法》于2017年9月1日第十二届全国人民代表大会常务委员会第二十九次会议通过。

《中华人民共和国国歌法》规定在公共场合，故意篡改国歌歌词、曲谱，以歪曲、贬损方式奏唱国歌，或者以其他方式侮辱国歌的，由公安机关处以警告或者十五日以下拘留；构成犯罪的，依法追究刑事责任。

四、学校的主要国防教育

（一）军事训练

军事训练，即军训，是根据《中华人民共和国国防法》《中华人民共和国教育法》《中华人民共和国兵役法》《中华人民共和国国防教育法》和《中共中央关于教育体制改革的决定》要求进行的。军训是学生接受国防教育的基本形式，是培养"四有"人才的一项重要举措，是培养和储备我军后备兵员及预备役军官、壮大国防力量的有效手段。

1. 军训的内容

我校历来重视学生的国防教育，特别是军事训练。新生入校后，即要参加军事训练，军训的内容包括以下几方面。

（1）熟习队列队形动作

队列队形动作主要内容包括：①立正，②站军姿，③跨立（跨步站立），④稍息，⑤停止间转法，⑥行进（齐步、正步、跑步、踏步），⑦立定，⑧整齐（看齐）、报数，⑨坐下、蹲下、起立，⑩整理着装，⑪敬礼、礼毕，⑫集合、离散（离开、解散）。

■站军姿　　　　　　　　　■正步走

（2）内务整理

内务整理主要包括整理宿舍卫生、叠被子（叠成豆腐块）、物品摆放等。

内务整理要求床下六双鞋、两个洗脸盆，鞋放当中、盆在两侧；盆沿与床沿对齐，鞋子对齐成一条线；枕头放在床铺一端，与另一端被子对齐，被子叠放要标准；桌面保持整洁，物品不得随意摆放。

如何叠一床符合标准的被子呢？下面为大家进行详细的讲解。

①将棉被展开在床上，一边三分之一处合起来。

②将另外三分之一叠在上面。注意，

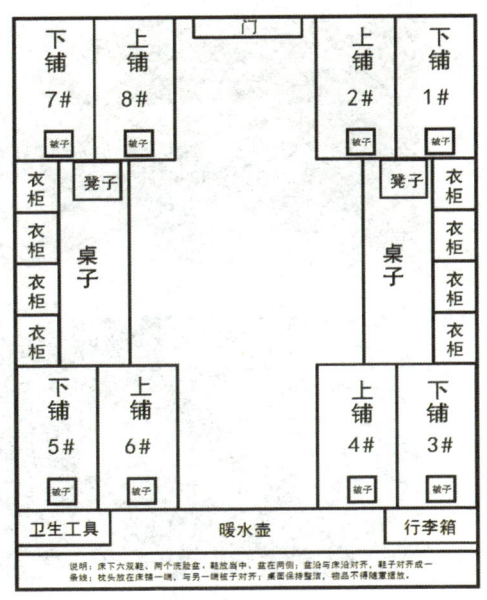

■宿舍定置图

一定要让这三层保持同样宽度，如果下面短上面长，或者下面长上面短，一定要及时调整，防止后期叠得不方正。

③用手丈量一下长度，拇指和中指的距离2倍处正好是折叠的合适位置。如果你的手比较小或者比较大，可以根据实际情况适当调整一下，但是我们应该记住这个尺寸。

④确定位置之后在此处画一条线，然后使这一条线隆起，之后用双手把隆起的这一条线压实了，这一步对于棱角的形成十分关键。

⑤然后将这一面折叠起来，之后再将另一面按这样的方法折叠起来。

⑥将中间部分隆起，用手压实。

⑦将两边合起来，这样我们的被子豆腐块的雏形就出来了。然后通过修整，使一些不太平的地方变平，将不明显的棱角压明显，弄出一个方方正正的豆腐块形状，我们的被子就叠好了。

⑧关键步骤是折叠之处的按压，一定要按压到位，这样才能使棱角分明。

我校的军训历来重视内务方面，要求在内务细节上体现军人作风：规范严谨、雷厉风行、注重细节、整齐划一。

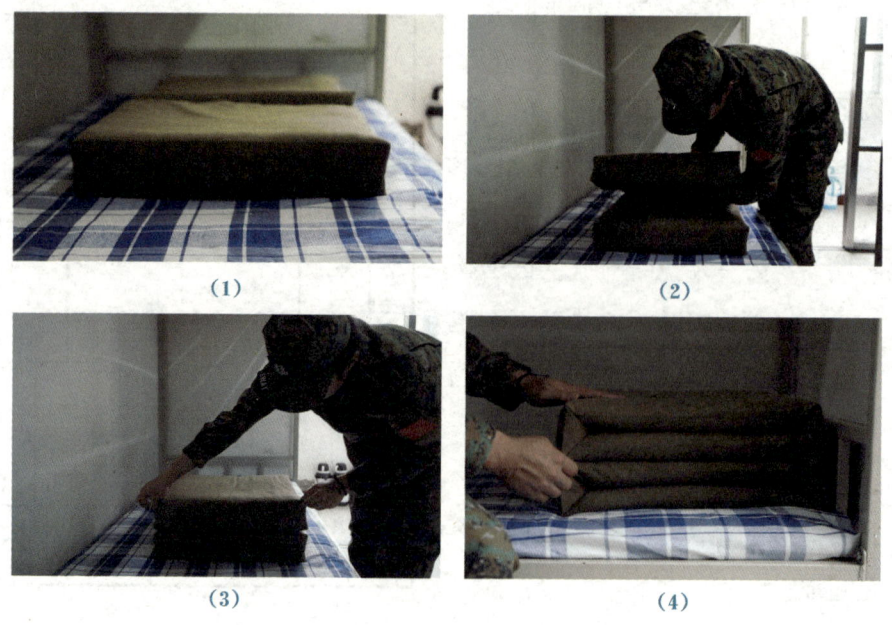

(1)　　　　　　　　　　(2)

(3)　　　　　　　　　　(4)

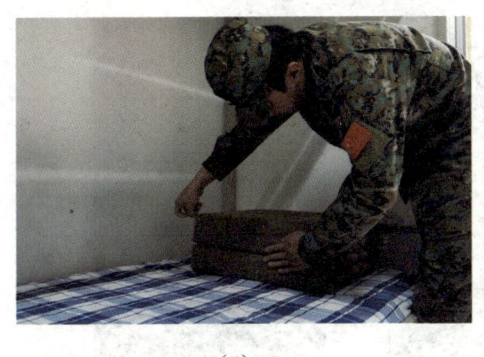
（5）

（6）

■叠被子

（3）阅兵

每一次的军训阅兵，都是入学军训阶段最精彩的部分，是一次盛会和比赛，是各连队的军训效果、精神面貌的一次大检阅。

阅兵（军训会操）是军训的重要部分，阅兵队形分为分列式和阅兵式。

■分列式队形

■阅兵式队形

（4）连队文化建设

连队文化建设是军训时各连队展示团队士气的方式。学校连队文化建设由队旗、队名、队呼和队歌四部分组成。军训期间每天由班主任统领学生进行连队文化建设活动，并融入军训会操比赛中。

①队旗。

队旗由同学们设计、绘制，自己的旗帜上要画上本队的logo，并写上本队的队名和队呼。队旗要做得美观、大方，注意与本队的队名相呼应。

■绘制队旗

■展示队旗

②队名。

各连队根据连队的情况起一个响亮的、具有正能量的名字，如战狼队。在展示的时候由队长喊："我们的队名是？"全体同学要齐喊三遍："战狼队！战狼队！战狼队！"声音要一遍比一遍高。

③队呼。

各连队还需根据队名起一个响亮的队呼，如："战狼战狼，势不可当！"在展示的时候队长喊："我们的队呼是？"全体同学要齐喊两遍："战狼战狼，势不可当！战狼战狼，势不可当！"

④队歌。

各连队的队歌可以引用具有正能量的歌曲的一部分，也可以自己创编，六句到八句即可，如在展示的时候由队长喊："我们的队歌是？"全体队员齐唱："团结就是力量，团结就是力量。这力量是铁，这力量是钢，比铁还硬，比钢还强。1234，1234。"

■连队文化建设展示

2. 军训的意义

（1）增进交流，培养团结协作精神

军训为培养同学们团结与协作的精神提供了契机。在军训的集体中，每个人都是至关重要的一分子，集体的荣誉和力量是第一位的，自己所做的一切都是为了给集体增光添彩。在这个要求和原则下，每个人都会更多地考虑别人的感受和集体的利益，尽自己所能帮助同

■增进交流，培养团结协作精神

学，将他人的喜怒哀乐放在心上，并得到了由关心他人所带来的快乐和满足，同时也在别人的帮助中体会到了同学之间的友情。军训让同学们体验了集体的生活，学会了与人相处，学会了体贴与关怀，同时也享受着体贴和关怀。

（2）注重细节，强化作风，增强集体荣誉感

有些同学认为"大丈夫不拘小节"，在宿舍不叠被子，吃完饭不刷饭盒，学习用品随处乱丢，不遵守作息时间，认为这些事情与学习相比都是小事，于是就放松了在生活上对自己的要求。所谓

■有计划有目的、干净整洁、健康有序的生活

"细节决定成败"，生活上的事看似是小，但却代表了人生态度。军训为同学们敲响了警钟。在军营中，军训让同学们感触最深的是军人的严谨作风。教官们雷厉风行的作风和说一不二的严谨态度深深影响着每个同学。当一切看似严厉又不可理喻的要求变成了每天的习惯时，当优劣对比变得越来越明显时，同学们也会习惯这种军营化的生活，喜欢上这种有计划有目的、干净整洁、健康有序的生活。

（3）增进了解，搭建展示风采的平台

军训中的活动，为同学们提供了可发挥特长和能力的空间。同学在军事训练中养成了强烈的集体荣誉感，只要能为集体争光，都愿意勇敢地站出来参加活动。

在参与的过程中，同学们逐渐学会了展示自己的才华，发挥自己的作用。很多同学不再躲藏在人群之后，而是自告奋勇地走出来，将自己的特长展现出来，这也是现代社会不可或缺的"推销自己"的能力。同学们敞开心扉去迎接失败和挑战，让自己经受住磨砺而更上一层楼。在展现自己的同时，他们一方面必然会更加主动地承担责任，更加谨慎地完成使命，更加珍惜地保护自己的成果；另一方面也必将体会到别人努力的艰辛，从而珍视他人的劳动成果。经过了军训中的这种锻炼，有能力的同学变得更加大方和自信了，能力不太强的同学更是获得了可贵的勇气和很好的锻炼。这些都是同学们人生中的一笔宝贵的精神财富。

（4）磨炼意志品质，锻炼培养积极乐观心态

■磨炼意志品质

人生的道路都是曲折并充满不确定性的，每个人在成长过程中难免会遇到各种各样的挫折和困难。只有克服了这些"路障"，我们才能向成功迈进。军训教会了同学们以乐观、积极、向上的态度来面对人生。许多同学在进入学院之前基本上是一帆风顺的，而军训算是他们人生中第一次遇到的磨炼和体会到的艰苦。通过这十几天的生活，他们逐渐学会了如何用微笑来面对生活。许多同学表现出的乐观和勇气让人感动。越是到军训后期，同学们的歌声越是嘹亮，脚步越发整齐，笑声越为欢畅。这也是一种健康心态的表现，是快乐情绪的流露。再回首，虽然军训的生活有些艰苦，但它又是那么有价值，那么值得回忆。

（5）了解国防，增强忧患意识和民族使命感

生活在和平年代的同学们，对于战争的了解仅限于教科书和电影，战争仿佛也是很遥远很模糊的事情，战火硝烟都是曾经的往事了，忧患意识越来越差。平时可能很少有同学会思考这个问题：如果祖国需要，自己能为祖国贡献出什么？虽然这短短十几天的军旅生活并不会极大地提高同学们的战斗素养，但重要的是，让同学们体会到了"先天下之忧而忧"的忧患意识，看到了和平年代战士们的朴

实和无私，感受到了士兵随时做好准备为祖国奉献一切的决心。通过军训，同学们真正明白了几百年来爱国、进步、民主、科学这些优良传统的含义，人生也将变得更有意义。

3. 军训的注意事项

（1）保持积极、乐观的心态

军训是很艰苦的，同学们应当懂得军训是一次个人身体素质、心理素质提高的过程，也是入学后的第一课。同学们应鼓励自己积极参与军训，多锻炼自己、多结识同学。

（2）预防鞋磨脚

军训中应挑选舒适、合适的训练鞋和棉袜，防止磨脚起泡，尽可能保持双脚的舒服和干燥。

（3）饮食规律，加强营养

军训中应保证按时就餐，注意营养的均衡、搭配，特别是早餐。

（4）注意自带杯子，多喝温开水来补充水分

训练时体内水分消耗较大，流汗多。休息时要及时补充水分，少量多次地饮水。

（5）讲究卫生，保持充足的睡眠和休息

同学们应早睡早起，保证充足的睡眠和体力，同时勤换衣物、勤洗澡。

（6）注意中暑症状的处理和预防

中暑是指由高温环境下人体体温调节功能紊乱而引起的，以中枢神经系统和循环系统障碍为主要表现的急性疾病。除了高温、烈日暴晒外，军训强度过大、军训时间过长、学生睡眠不足、过度疲劳等均为常见的诱因。

中暑可分为先兆中暑、轻症中暑和重症中暑。以下分别介绍其症状及救护方法。

①先兆中暑症状及救护办法。

先兆中暑的症状为出现头痛、头晕、口渴、多汗、四肢无力、发酸、注意力不集中、动作不协调等症状，体温略有升高。

处理办法：及时转移到阴凉通风处、补充水和盐分，短时间内即可恢复。

②轻症中暑症状及救护办法。

轻症中暑的症状为体温往往在38℃以上，除头晕、口渴的症状外，一般还有面色潮红、大量出汗、皮肤灼热等表现，或出现四肢湿冷、面色苍白、血压下降、脉搏增快等表现。

处理办法：首要先将病人迅速撤离引起中暑的高温环境，选择阴凉通风的地方休息，并令其多饮用一些含盐分的清凉饮料。还可以在颈部、额部涂抹清凉油、风油精等，或服用人丹、十滴水、藿香正气水等药品。当出现血压降低、虚脱症状时应立即平卧，及时去医院静脉滴注盐水。

③重症中暑症状及救护办法。

重症中暑症状是中暑情况中最严重的一种，其症状是大汗、极度口渴、乏力、头痛、恶心呕吐、体温高、心动过速、直立性低血压或晕厥，甚至高热、抽搐、昏迷等。如不及时救治将会危及生命。

对于重症中暑者除了立即把中暑者从高温环境转移至阴凉通风处外，还应该迅速将其送至医院，同时采取综合措施进行救治。若远离医院，应将病人脱离高温环境，用湿床单或湿衣服包裹病人并给其强力风扇吹风，以增加蒸发散热的速度。在等待转运期间，可将病人浸泡于湖泊或河流，用雪或冰冷却。若病人出现发抖症状，应减缓冷却过程，因为发抖可增加核心体温。

④中暑时紧急救护。

紧急救护主要是将中暑者脱离高温环境，迅速将中暑者转移至阴凉通风处休息，使其平卧，头部抬高，松解衣扣，还可补充液体、人工散热、冰敷。

a. 补充液体。如果中暑者神志清醒，并无恶心、呕吐，可饮用含有盐分的清凉饮料、茶水、绿豆汤等，起到既降温又补充水分的作用。

b. 人工散热。可采用电风扇吹风等散热方法，但不能直接对着病人吹风，防止造成感冒。

c. 冰敷。可采用头部冷敷，在头部、腋下、腹股沟等大血管处放置冰袋，并可用冷水或30%酒精擦浴直到皮肤发红。每10~15min测量一次体温。

⑤中暑的预防。

军训时要准备十滴水、人丹、风油精等降温防暑的药品，制订科学的训练计划，合理安排休息时间。同学们应注意补充水分，不要等口渴了才喝水，因为人觉得口渴时，就表示身体已经缺水了，最理想的做法是根据气温的高低，每天喝1.5~2L 水。出汗较多时可补充一些盐水，弥补人体因出汗而失去的盐分。另外，夏季人体容易缺钾，使人感到疲倦疲乏，含钾茶水是极好的消暑饮品。夏天应多食蔬菜，如生菜、黄瓜、西红柿等，以及新鲜水果，如桃子、杏、西瓜等来补充水分。另外，也可补充一些乳制品，其既能补水，又能满足身体的营养所需。此外，夏天日长夜短、气温高，人体新陈代谢旺盛，消耗也大，容易感觉到疲劳。充足的睡眠，可使大脑和身体各系统都得到放松，既有利于工作和学习，也是预防中暑的措施。最佳就寝时间是 22:00—23:00，最佳起床时间是 5:30—6:30。

4. 军训作息时间表及军训各项评分标准

军训作息时间表

序号	日期	项目	时间	备注
1	军训期间	起床	6:00	
2		早操	6:25	
3		上午训练科目	8:00—11:50	
4		下午训练科目	14:00—18:00	
5		晚自习	19:00—20:30	住校生
6		晚检	21:00—21:30	住校生
7		熄灯	21:30	住校生

注意：
1. 军训期间要求穿运动鞋、长裤子、校服 T 恤。
2. 军训期间自带水杯，注意饮食卫生、加强营养、保证睡眠时间。
3. 军训期间注意个人卫生，有病及时就医，如有特殊情况者及时报告班主任。

军训会操标准

项目	标准	分值	得分
连队文化建设、精神面貌	1. 士气高昂、精神贯注、严肃认真、声音洪亮。 2. 动作错误要主动打报告	15	
报数	声音洪亮，连贯	10	

续表

项目	标准	分值	得分
立正与跨立	随口令反应及时、准确，动作规范、整齐	10	
停止间转法	随口令反应及时、准确，动作规范、整齐	20	
齐步与立定	排面整齐，动作规范、协调，精神饱满	20	
跑步与立定	随口令反应及时、准确，动作规范、整齐	20	
前后、左右间距	前后间距一臂之距，左右间距一拳之隔	5	
总分			

扣分标准：
1. 排面不整齐，一次扣2分。
2. 其他动作每错1人次扣1分。
3. 各连队缺勤1人，从总分中扣0.5分。

叠被子评分标准（在规定时间五分钟内完成）

序号	项目	标准	分值	得分
1	形状	被子整体成豆腐块状	2	
2	上面	上面要平整、没有褶皱，四周边沿要成一条直线	2	
3	侧面	侧面要整齐划一，没有褶皱	2	
4	厚度	各层要厚度均匀、平直	2	
5	棱角	有明显的边沿和棱角	2	

连队文化建设评分表

项目	标准	分值	得分
队旗	绘制得美观、清晰	20	
队名	符合连队集体意志、积极向上	20	
队呼	积极、正能量、上口、符合连队集体意志	20	

续表

项目	标准	分值	得分
队歌	积极、正能量、符合连队集体意志	20	
展示、仪容仪表	精神饱满、声音洪亮、坚强有力、仪容仪表	20	
总分			

备注：
1. 仪容仪表不符合要求的，1人次扣0.5分。
2. 必须是班主任组织，否则，扣连队文化总分的30%。

（二）升旗仪式

国旗是一个国家的象征与标志，悬挂着的国旗就代表了国家的主权。学校按照国防教育的要求，固定在每周一的上午9:50进行升国旗仪式，届时全校的师生统一着装，聚集在运动场进行这一庄严的仪式。

1. 升旗仪式具体要求和程序

①全校师生统一服装，党（团）员佩戴党（团）徽；保卫处统一整队，各二级学院以班级为单位清点人数，按要求列队，庄严肃穆地举行升旗仪式。

②听到主持人"升国旗、奏唱国歌，全体师生肃立向国旗行注目礼，请国旗护卫队出旗"的口令后，国旗护卫队进行升旗仪式，在雄壮的国歌乐曲声中，将国旗徐徐升起，全校师生唱国歌、行注目礼。升旗仪式过程中不得随意走动，不得交头接耳，确保仪式的严肃性。

③进行国旗下演讲，国旗下演讲应准备充分、语句通顺、声音响亮。

④升旗结束后，全体学生以学院为单位自觉排队、有序离开。

升旗仪式

2. 升旗仪式评分标准

以二级学院方阵为单位整体评分，主要评分内容：注目礼、唱国歌、佩戴党（团）徽情况、纪律、队形、服装、卫生、出勤。

3. 升旗仪式评分细则

升旗仪式评分细则详见下表。

升旗仪式评分表

院系	服装统一（15分）	队列整齐（15分）	整体纪律（15分）	精神面貌（15分）	场地卫生（10分）	退场秩序（10分）	现场迟到升旗未到（20分）	总分（100分）
自动化学院								
化学化工学院								
现代服务学院								
机械工程学院								
信息工程学院								
实验技术学院								

说明：
1. 服装统一：每人次扣0.5分。
2. 队列整齐：根据纵队和横队不整齐的现象酌情扣分。
3. 整体纪律：根据整队时的情况，对说话、不听指挥等现象酌情扣分。
4. 精神面貌：根据仪容、仪表、军姿情况酌情扣分。
5. 场地卫生：根据解散后的乱丢垃圾情况酌情扣分。
6. 退场秩序：不按规定出口退场，退场时队形较乱的酌情扣分。
7. 现场迟到，升旗未到：现场迟到，每人次扣1分；升旗未到，每人次扣2分。
8. 团徽佩戴：每人次扣0.2分。
9. 考核系数：人数500人以下系数为0.97，500人至1000人系数为1，1000人至1500人系数为1.03，1500人以上系数为1.06。

第四章　安全篇

人生之旅犹如海上行船，既有风平浪静、一帆风顺的惬意与美好，也有巨浪摧残、触礁沉船的危险与考验。这些考验既有无法抗拒的自然灾害，如地震、雷电等，也有人为的意外事故或突发事件，如食物中毒、交通事故等。人们往往由于缺乏必要的安全常识和预防措施，不懂得避险和自我保护，从而使身心健康乃至生命安全受到一定的影响。对于每个人来说，增强安全意识、注意安全就是在善待生命和珍惜生命。安全无小事，警钟需长鸣。

▶▶▶ 一、防范偷盗

【案例1】近年来，某校盗窃案件频繁发生。因受害人都是学生，无固定收入且多数属于未成年人，社会影响较大。当地公安分局刑警大队为此成立专案组，全力攻坚破案，经过一个多月的缜密侦查，终于抓获犯罪嫌疑人盛某，破获学校学生宿舍盗窃案多起，有力维护了校园安全稳定及学校正常的教学管理秩序。

据盛某交代，2013年以来，他多次窜至职教园区各个院校，针对学生宿舍楼进行作案，通过空调攀爬到窗户大开的宿舍或提前趁着人多窜入宿舍楼藏匿，等到夜间对没锁门的宿舍进行作案。侦查员已追回笔记本电脑1台、ipad 1台、智能手机5部及其他财物若干，为学生挽回直接经济损失4万余元。

案例分析：侦破此案后，民警提示，出入校园的人员复杂，校方对出入校园人员管理难度较大，犯罪嫌疑人往往冒充各种身份的人自由出入校园，再加上学生防范意识薄弱，认为物品放在宿舍就绝对安全，有的甚至把宿舍钥匙放置在门梁上或是晚上睡觉不关门等，让犯罪嫌疑人有机可乘。因此广大学生要提升防范意识，注意保管好自己的财物，不给犯罪分子可乘之机。

【案例2】某学校13级学生张某因沾染上赌博的恶习，花销巨大，便生出盗窃的念头。2015年5月，张某发现学校车棚内有辆电动车的钥匙忘在车上未拔掉，便叫来同班的王某和社会青年杜某，三人合伙将电动车偷走。接到报案后，公安机关和保卫处通过调取监控，迅速锁定犯罪嫌疑人，将三人抓获。张某、杜某被处以6个月拘役，王某被处以15日拘留。

案例分析：为了出行方便，很多同学都购置了自行车或电动车，有些同学将车放在车棚时，若是粗心或偷懒没有锁车，便会给小偷可乘之机。据调查，校内发生的自行车、电动车失窃案件，绝大多数都是由于同学忘记锁车造成的。建议大家给车配备结实的锁具，将车辆规范停放，并且一定要记得要锁车。

【案例3】学生刘某违反宿舍管理规定，擅自将外校学生王某留在宿舍过夜，王某早上起来，发现该宿舍的学生都上课了，就拿刘某放在宿舍的钥匙打开了他的抽屉，偷走现金后迅速离开宿舍。

案例分析：从此案中，我们可以发现两个安全隐患：一是宿舍里存放大量现金，二是在宿舍里留宿外人。许多盗窃案件的发生，正是因为有些学生自己不严格遵守校规校纪，给他人以可乘之机造成的。

同学们，防范偷盗一定要注意：居安思危，提高自我防范意识；校园虽然是相对封闭的场所，但也属于公共场所。同学们要抓好预防，防止被盗，应做好以下几点。

①对于大量现金不要随意放在身边，不要让外人知道，不要随意乱扔在宿舍的抽屉、床上，应就近存入银行。

②对贵重物品如手机，不用时最好锁起来，以防被顺手牵羊盗走。

③不要怕麻烦，要随手关窗锁门。

④相互关照，勤查勤问，对陌生人要多留一个心眼。

⑤遵守纪律，落实好学院的安全规定，不随意留宿他人。

⑥爱护公共财物，保护门窗和室内设施完好无损。

⑦提高修养，养成良好的生活习惯。

⑧注意团结。友好与人相处，形成互相帮助的氛围，谨慎交友，克服讲哥们义气，防止引狼入室，甚至同流合污。

二、防范诈骗

（一）一般诈骗

【案例1】2018年4月15日中午，一名自称是附近某大学大四快要毕业的学生，以想多积累些工作经验、好好写毕业论文为由进入女生宿舍推销化妆品，那人口才很好，说得很真实，另外一直在跟女生们传授美容知识，怎样注重皮肤保养等，继而就说可以免费给那四位同学做护理，做护理期间极力推销产品。四位女生看她也不像坏人，就决定每人买一套价格为298元的化妆品，

推销者又称身上没那么多货，要她们每人先付150元定金，明天将货送来，就这样，四位女生轻信了她，并付了定金共计600元。然而时隔多日此人并没有送货过来，所留的电话号码也打不通，她们这才意识到上当了。

案例分析：分析此例，我们可以看出同学们的做法有以下隐患：①该宿舍没有关宿舍门，这就为推销者提供了可乘之机，让她轻而易举地进了宿舍；②四位同学虽然想到看她身份证或学生证，她说没带，只是拿出工作证、留下了电话号码，同学们便信任她；③贪图小便宜思想严重，免费的后面一般都伴有欺诈；④职校学生年龄偏小，辨别真伪能力较差、容易轻信，并没有意识到这是骗局。这些都值得我们注意和提高防范意识。

【案例2】2013年，某校学生小王在外出吃饭时，遇到一女子，自称是南京大学来本地游玩的学生，身上的钱花完了，手机也没电了。随后该女子提出，自己有急事要去火车站接人，可用自己的新款iphone手机作抵押，向小王借走500元，接人回来后，会还给小王1000元，小王同意了。在回宿舍后，小王才发现，该女子抵押给他的是一部玩具手机。

案例分析：俗话说"贪小便宜吃大亏"。在发生的诈骗案中，受害者大多是因为谋取个人利益，贪占便宜，轻信他人而上当受骗的。

同学们，防范诈骗一定要注意：防范诈骗，最根本的还是要提升自身防范意

识；不要贪图小便宜，要加强自我防范，防止上当受骗。

①个别人员进校园、宿舍推销商品时，这些物品质量大多存在一些问题，这些外来人员还可能会顺手牵羊，进行偷盗。为防止此类事件发生，请大家平时在宿舍注意关门，不要让陌生人进入寝室，发现可疑人员及时报告老师。

②不要轻信虚假信息，要学会判断甄别。

③不要因贪图小利而受违法短信的诱惑。

④不要泄漏个人信息，特别是银行卡信息。

⑤不要将资金转入陌生的账户。

（二）网络诈骗

近年来，随着网络信息技术的发展，网络、电信诈骗也越来越多。

【案例1】2017年9月，某校学生赵某在班里把手机借给同班同学何某往家里打电话，并告知何某自己手机的开机密码，由于赵某手机的开机密码和微信支付密码为同一密码，何某便利用同学对自己的信任，陆续以各种借口通过赵某的手机给自己转账，前后共计七百余元，给赵某造成了经济损失。

案例分析：①赵某手机密码单一，保护性不强，存在很大的漏洞。②何某所作所为构成犯罪，由于隐蔽性强，不易发现，使之在错误的路上越走越远。

【案例2】2019年2月，小杨（女）在网上与一名网名为"风雅先生"的男子相识。通过视频，小杨发现"风雅先生"长得极为帅气，说话又幽默贴心，两人相谈甚欢。通过一段时间的网络交往后，"风雅先生"渐渐取得小杨的信任，两人渐生相见恨晚之意。"风雅先生"称自己在无锡做建材生意，是个小老板。在与小杨见面后，"风雅先生"一番甜言蜜语将小杨哄得晕头转向，两人随即发生了关系。让小杨意想不到的是，网上情郎在她洗澡期间竟摇身一变成了窃贼，将小杨的电脑、钱包席卷而逃。

案例分析：当前网络交友已成一件平常事。但是网友见面隐藏着很多危机，值得引起大家警惕。网络是虚拟世界，网上交友比现实交友缺少真实性。小杨在网络交友中没有注意辨别对方的素质和品格，另外小杨有没有将见面地点选择在公共场所，还随身携带贵重物品等，都是不妥的。

安全提示：网络满足了青少年的生活、学习、娱乐的心理需求，也开阔了我们的视野，随着网络的进一步发展和网络信息的爆炸，网络中的不良内容对青少年心理负面影响日益凸显。

同学们应注意：

①对网络内容要学会"理性思考、冷静分析、客观判断"，要学会客观、理性地表达和反应诉求。

②上网要学会保护自己，特别是在交友和网购方面，不要泄露个人信息，对钓鱼网站要提高防范意识。

③合理安排上网时间，不要沉迷网络。

（三）电信诈骗

【案例1】王小姐在购物网站上买了一条裤子，几分钟后收到一个自称"店家"的电话，告知因交易失败需要办理退款，并提供了一个"客服"号码。王小姐加了"客服"后与其沟通，根据其提供的"退款链接"进入一个网站。王小姐按照客服提示输入密码等信息，最后在收到动态码后未多想便急忙填入。之后王小姐并未收到退款，而且再也联系不上那个"客服"，王小姐立即查询了银行卡余额，发现账户已被盗用。

安全提示：

①办理网络购物网络退货、退款等业务时请认清官方渠道。

②如果购物网站申请退款或退货，建议与官方客服联系后进行操作，切勿轻信不明身份的电话、网络聊天工具或其他形式提供的非正规途径的网络链接。

③在收到动态验证码时，请仔细核对信息中业务类型、交易商户和金额是否正确。

④任何客服工作人员都不会向持卡人索取短信验证码，如有人索要可判定为诈骗，请立即报警；也切勿轻易泄露自己的身份证件号、银行卡信息、交易密码、动态验证码等重要信息。

【案例2】李女士收到一条10086的短信，称其获得手机积分奖励，可兑换商品，并附上一个链接。李女士点击链接后在页面上输入了银行卡信息及手机号，并按网页提示下载并安装了一个"积分兑换客户端"的应用，但安装后无法正常打开。李女士也没有在意，第二天，李女士用卡时提示卡内余额不足，查询发现银行卡在前一天发生了多笔大款交易。李女士赶紧报案，但已造成损失。

案例分析：李女士收到的短信是不法分子利用伪基站冒充10086发送的，短信中的链接其实是一个"钓鱼网站"，而下载的客户端实际上是一个木马病毒。不法分子利用钓鱼网站窃取用户信息，利用木马病毒将发送到李女士手机上的短信验证码转移到了自己的手机上，从而完成交易。

安全提示：

①不法分子能利用"伪基站"冒充任意号码发送短信，因此即使收到中奖、软件推荐等显示为官方号码发送的短信，仍需保持警惕，建议回拨进行确认。

②木马病毒往往会伪装成其他应用，并通过"钓鱼网站"、短信、图片、邮件、压缩包、聊天软件等方式传播，建议不随意点击来历不明的应用软件等内容。

③安装防火墙及杀毒软件，定期杀毒并定期更新系统补丁，保护电脑终端和移动终端安全。

④下载网银支付类应用，要到官方网站进行下载。

⑤开通短信通知服务，账户发生异常变化后，及时联系银行，冻结账户或挂失卡片。

⑥提防虚假客服，切勿泄露动态密码，远离网络中介，严守个人信息。

三、远离传销

传销是指组织者或者经营者发展人员加入组织，通过对发展人员以其直接或者间接发展人员数量或者销售业绩为依据计算和给付报酬，或者要求被发展人员以缴纳一定费用为条件取得加入资格等方式牟取非法利益的一种扰乱经济秩序、影响社会稳定的行为。

下列行为都属于传销行为：

①组织者或者经营者通过发展人员，要求被发展人员发展其他人员加入，对发展的人员以其直接或者间接滚动发展的人员数量为依据计算和给付报酬（包括

物质奖励和其他经济利益）牟取非法利益的；

②组织者或者经营者通过发展人员，要求被发展人员交纳费用或者以认购商品等方式变相交纳费用，取得加入或者发展其他人员加入的资格，牟取非法利益的；

③组织者或者经营者通过发展人员，要求被发展人员发展其他人员加入，形成上下线关系，并以下线的销售业绩为依据计算和给付上线报酬，牟取非法利益的。

【案例】2010年10月国庆节期间，某校03级学生张某接到初中同学的电话，说自己在天津上学，邀请他去玩。张某没有多想，在没有告知老师和家长的情况下私自去了天津。到达天津以后就被传销组织带到了基地。之后，张某的父亲、姑父、保卫处和两名民警赶到天津救援，经过7天的解救才把张某营救出传销组织。张某最终被骗现金一万余元，损失无法挽回。

张某回忆道：在传销组织里人们被软禁在某个房子里，每天吃馒头、咸菜、烂菜叶，表现不好会有人折磨，逼着每天重复相同的工作，记那些很唯心的东西，日复一日。每天5点多起床，晚上12点才能睡，可以走动但是会有人跟随，就连上厕所也一样，男女分开睡在不同房间的地板上，每天接受洗脑课程，不上课的时候集体玩些白痴的游戏。在那里面，我过着非人的生活。我那时如行尸走肉一般，全身没一点力气，就是不停地听他们讲，甚至就算打我都没知觉了。我反抗过，有次跳楼逃跑没成功，还被打了一顿；我绝食过，3天没吃饭，快饿疯了。我每天趴在窗前，看着外面，一次一次流下眼泪。我想念我的家人，我想念我的朋友，人只有在处于绝境时，才知道自己对父母多么依恋。多少次我做梦想着我出去了，和熟悉的人一起吃着饭，流下了幸福的眼泪，可每次睁开眼，又再一次无奈。眼看着一天一天过去，我都快疯了。

百变传销

可见传销对一个人的身心伤害多么巨大。那么我们应该如何防范呢？要想防范传销，我们应了解如何判断是否是传销。

如果你接到朋友的电话说他刚找份工作在某处上班，让你有空过去玩时，你就要小心了。如果你正值失业或者待业中要更加小心，他们一般都会邀请你说有什么合适的工作，让你去看看。尤其是见面后他会想办法把你的手机拿过来，比如"新买的手机，我看看，有什么好歌没有"等，这时就可初步判断遇见传销了。因此，我们建议同学们：①要提高警惕，千万不要轻易相信别人，不要感情用事，不要相信天上会掉馅饼，如果想过去试一试工作，至少应两人一起，多个照应。如果是一个人去试工作，应把自己要去的地址告知家人，抵达后也给家人发个短信。②找兼职工作一定要提高警惕，加强防范。③不要轻易把个人信息透露给别人。④加强自身安全防范能力，提高对事物的判断力。

四、防止打架斗殴、校园欺凌

（一）防止打架斗殴

在学校生活中，同学们可能因各种原因发生纠纷，甚至打架、斗殴，但同学们知道打架的"成本"吗？

【案例1】刘某，男，2000年出生，系某中学初中学生，因琐事与一同学发生矛盾，即指使无业青年笑某、文某教训这名同学。2015年1月4日，笑某、文某等人赶到学校门口时，与刘某有矛盾的同学已经离校。刘某想起朋友殷某某与同学王某也有矛盾，随即指使笑某、文某等人在学校附近对王某拳打脚踢，致王某轻伤。

警方处理结果：笑某、文某随意殴

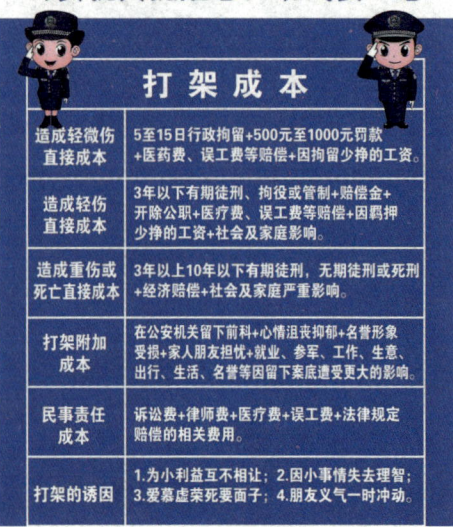

■ 打架成本

打他人，情节恶劣，其行为构成寻衅滋事罪。鉴于其归案后如实供述了自己的罪行，通过积极赔偿取得了被害人的谅解，酌情从轻处罚。据此，认定笑某、文某犯寻衅滋事罪，分别判处有期徒刑一年零两个月和一年。

案件分析：该案系校内学生纠集社会闲散人员，欺负、伤害校内学生的校园欺凌案件。同学之间偶有矛盾是正常的，要学会合法合理去解决矛盾。本案中，刘某结交闲散人员，不仅要教训与自己有矛盾的同学，还"热心"地帮朋友出气，无视法律，恃强凌弱，缺乏对社会规则的基本认知和敬畏。

【**案例2**】某校学生张某与被害人葛某系同班同学。2015年1月9日，葛某到张某的宿舍时，碰撞张某一下，二人因此发生争执并厮打。厮打中，张某持刀将葛某捅伤。经鉴定，葛某的损伤构成重伤。

警方处理结果：张某故意伤害他人身体，致人重伤，其行为构成故意伤害罪。鉴于被告人犯罪时未满十六周岁，系未成年人，投案自首，且已与被害人和解，对其减轻处罚，判处有期徒刑一年，缓期执行一年。

案件分析：本案中，犯人和被害人系同班同学，二人本应和睦相处、共同进步，却因一点琐事大打出手，甚至持刀捅刺，致使一人受重伤，一人被追究刑事责任，两人均为此付出沉重代价。

因此提醒同学们：开学之初，大家从不同的学校、不同的地域、不同的成长环境汇集到一起，因有不同的生活习惯、相处模式，发生纠纷在所难免。除了要有意避免纠纷产生外，在发生纠纷后，更应注意解决好纠纷。在相互交往时，可从以下几方面注意。

1. 尽量避免与他人发生摩擦

①以诚相待。以诚实、真诚的态度对待他人，就容易获得对方的信任和理解。

②与人为善。只要我们抱着与人为善的态度，就可以调解矛盾。

③宽宏豁达，不计小是小非。常言说"宰相肚里能撑船"，不要为了些许小事斤斤计较、僵持不下，甚至拳脚相加，以致引发事端。

2. 避免激化矛盾

①冷静克制，切莫莽撞。无论矛盾产生是由哪一方面引起，都要保持冷静，绝不可意气用事。

②避免过激的言语和行为。矛盾纠纷大多是由口角引起，俗话说"祸从口出"，因此在产生矛盾后应把握言语的分寸，说话平心静气，不可恶语伤人，更不可拳脚相加。

③依靠学校解决问题。遇到矛盾无法化解时，应向班主任或保卫处汇报，通过学校来化解矛盾冲突。

3. 妥善处理同学之间的冲突

当其他同学发生冲突时，我们应如何做呢？

①悉心观察。一是观察其情绪变化及行为举动，尽量稳定其情绪。二是观察周围可能被其利用的攻击型工具，尽可能机智地转移至安全的地方，防止暴力事件的发生。

②找出冲突的原因，因势利导，对其进行耐心劝解。

③及时汇报。如果情况严重，应向相关老师及时反映情况，配合老师妥善处理。

4. 冷静对待同学邀请或帮助报复他人的行为

①自己要端正态度，保持冷静，摒弃"哥们义气"的陈旧观念，拒绝参与报复他人的行动。

②劝说并极力阻止，要让当事人懂得"冤冤相报何时了""退一步海阔天空，让三分心平气和"的道理。劝其用合法、合理的渠道去解决问题。在自己劝说无效的情况下，应及时通知相关老师和保卫处，避免伤害事情的发生。

5. 积极制止打架斗殴

打架斗殴不仅会给当事人造成伤害，也扰乱了学院秩序，影响学院声誉，甚至危及社会稳定。当遇到他人打架斗殴时，我们应当保持冷静的头脑，不能视而不见，更不能起哄围观。应当采取积极的措施，制止这种恶劣行为。若双方人数较少，可以和其他同学一起上前劝阻，化解冲突；若双方人数较多，甚至携带凶器，应马上通知学院安全保卫部门，紧急情况下应拨打110报警，及时制止事态的扩大。

6. 应对校外人员寻衅滋事

对于校外人员的寻衅滋事，除借助学院的有关职能部门和公安机关等组织力量防范外，作为学生，遇到此种情况也应当做到以下几点。

①增强防范意识，保持高度警惕。
②讲究防范策略，防止事态恶化。
③及时寻求帮助，防止人身伤害。
④立即报告学院保卫部门，紧急情况下拨打 110 报警，制止违法犯罪行为。

（二）防止校园欺凌

校园欺凌多发生在中职、中小学。受害者因长期受到欺凌，可能会产生心理问题，身体和人格发展受到影响。校园欺凌的表现形式主要有以下几种。

①给受害者起侮辱性绰号，指责受害者无用，粗言秽语、辱骂受害者等。

②对受害者进行重复的物理攻击，如拳打脚踢、掌掴拍打、推撞绊倒、拉扯头发。欺凌者明显地比受害者强，而欺凌是在受害者无法保护自己的情况下发生。

③干涉受害者的个人财产、生活用品等。

④传播关于受害者的消极谣言和闲话。

⑤恐吓、威迫受害者做他/她不想做的事，威胁受害者听从命令。

⑥让受害者遭遇麻烦，或令受害者受处分。

⑦中伤、讥讽、评论受害者的体貌、性取向、宗教、种族、收入水平、国籍、家人或其他。

⑧分派系结党，孤立或排挤受害者。

⑨敲诈、强索金钱或物品。

⑩画侮辱画。

⑪网上欺凌，即在网志或论坛上发表具有人身攻击成分的言论。

我校明令禁止校园欺凌，学生在校期间出现校园欺凌现象，学校会根据欺凌形式和欺凌情节做出如下处理：

①情节较轻的依据学院学生管理规定给予严重警告至开除学籍留校察看处理。

②情节较轻但造成恶劣影响的可给予开除学籍处理。

③情节较重的给予开除学籍并移交公安机关依法处理。

（三）学院对于打架斗殴、校园欺凌的处罚

触碰"红线"，最低给予开除学籍留校察看处理的行为：

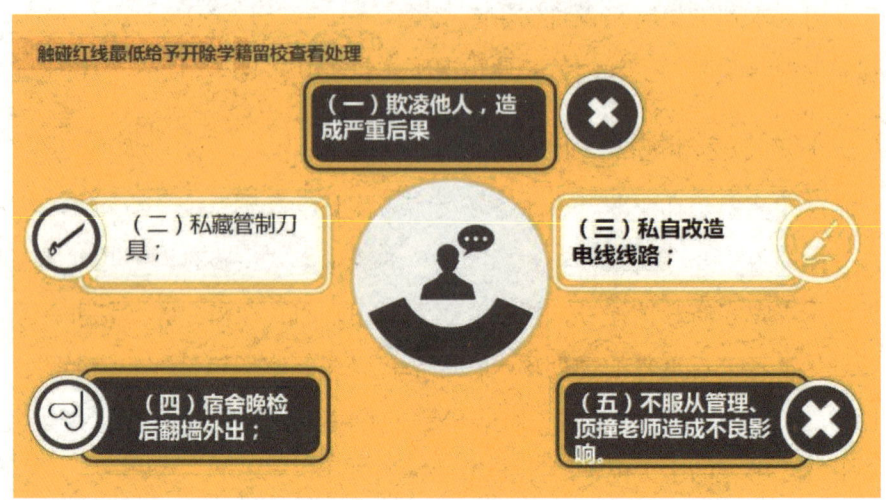

■ 触碰"红线"的行为

①欺凌他人，造成严重后果；

②私藏管制刀具；

③私自改造电线线路；

④宿舍晚检后翻墙外出；

⑤不服从管理、顶撞老师造成不良影响。

触碰"底线"，给予开除学籍处理的行为：

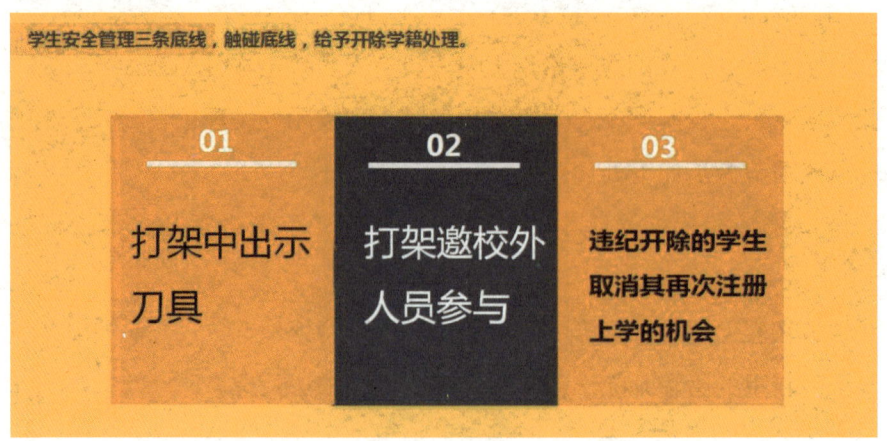

■ 触碰"底线"的行为

①凡发生矛盾时出示刀具；

②发生矛盾召集校外人员参与，造成恶劣后果；

③有文身、刺青。因违纪开除学籍、劝退的学生，取消其再次注册上学的机会。

五、预防酗酒

【案例】 2016年12月某校学生小张等人一同参加同学小刘的生日聚会，11人总共喝了4瓶白酒、1箱啤酒，其中小张一人就喝了1斤多白酒和2瓶啤酒。

宴席结束后，小张呕吐不止，同学将其送至宿舍休息。第二天凌晨2点多，室友发现小张已没有鼾声，连忙拨打120急救。经过半个多小时的抢救，医生最终确认小张死亡。事发后，小张的家属情绪激动，无法接受孩子突然去世的事实，认为餐馆、学校以及其他10名学生对小张的死亡负有主要责任，向学校提出了共计300万元的赔偿。学校和家长双方找到某司法所求助。司法所调解员解释，18周岁以上的公民为完全民事行为能力人，需要为自己的行为负责。小张是成年人，明知酗酒危害无穷，却依然放纵自己过度饮酒，导致了醉酒身亡的严重后果，自身存在过错，应当承担主要责任。

案例分析： 不论度数高低，酒都含有酒精，而酒精能够刺激和麻痹神经系统，对人体都是有潜在危害的。对于青少年来说，则可能更加危险。青少年平时很少饮酒，身体对酒精很不适应，体内短时间聚集大量酒精后，反应会更加迅速和明显。其次，青少年饮酒缺乏节制，很容易受情绪和环境影响，造成饮酒过量。有些同学不愿意在同学面前服输，可能越喝越多，直到出现酒精中毒症状。

重度酒精中毒的患者会出现昏厥、休克、呼吸困难、瞳孔放大的症状，甚至导致双目失明、肝功能衰竭，直至死亡。即使少量饮酒，酒精也会干扰思维过程，造成部分同学酒后滋事。

六、消防、用电安全

【案例1】 2018年11月，某技师学院学生公寓楼发生火灾，原因为学生违规使用电吹风。该学生使用电吹风后将其放入衣柜，将周围衣服等可燃物引燃，

■火灾现场

■校园内的违规电器　　　　　　　■和违规电器SayNo

造成校园火灾。

【案例2】2005年12月24日上午9时30分,北京某大学学生公寓6号楼219房间发生火情,系该校教育技术系学生吴某在宿舍内吸烟时,烟头点燃褥子所致。

重要提示:学校是人员密集型场所,一旦发生火灾,危害将十分严重。开学了,同学们千万不要忽视消防安全!

(一)牢记校园消防安全"七个严禁"

同学们应牢记校园消防安全"七个严禁"。

①严禁在宿舍、教室等处私拉乱接电线,为手机、充电宝、电动车等充电。

电气火灾主要是由超负荷、漏电、接触电阻过大、电器使用不当、静电、雷

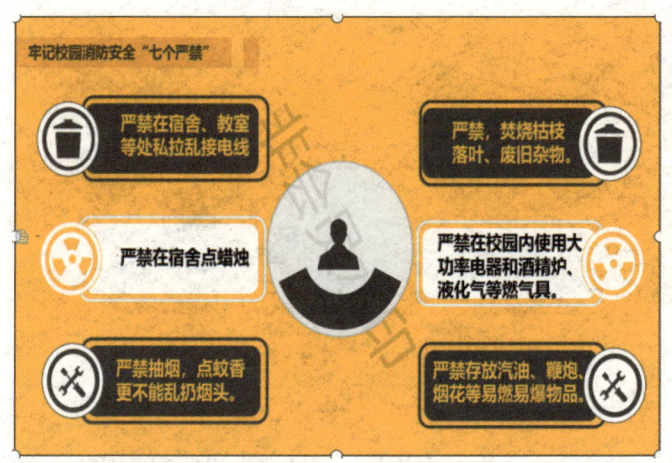

■消防安全"七个严禁"

电等因素引发的。

②严禁在宿舍点蜡烛。蜡烛作为一种可以移动的火源，稍不小心就会烧溶、倒下，遇到可燃物就会燃烧引发火灾。

③严禁抽烟，更不能乱扔烟头、点蚊香。烟头和蚊香的中心温度可高达700~800℃，大于棉被、衣物、书籍、座椅等物品的可燃点，容易引起燃烧。

④严禁打扫卫生时焚烧枯枝落叶、废旧杂物。因为焚烧杂物时，遇风极易引起燃烧扩散，酿成不必要的灾祸。

⑤严禁在校园内使用大功率电器，做到人走断电。也不能使用酒精炉、液化气等燃气具。

⑥严禁存放汽油、鞭炮、烟花等易燃易爆物品。

⑦严禁损坏教学楼、宿舍楼内消防栓、灭火器等消防设施和器材。

（二）火灾的预防、处理、逃生

同学们应熟知火灾预防中的"四懂四会"。"四懂"就是懂火灾危险性、懂预防措施、懂灭火方法、懂逃生方法。"四会"就是会报警、会使用消防器材、会扑救初期火灾、会组织人员疏散逃生。教室、宿舍内一旦发生火情，一定要保持镇定，按以下要点自救及逃生。

①遇电脑、电器火灾莫慌张，切勿用水扑救，应先断电，然后用湿棉被、湿

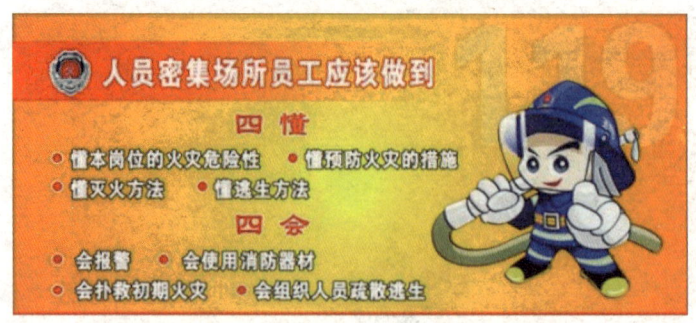

■火灾预防中的"四懂四会"

大衣等盖住着火物,并及时拨打"119"报警电话。

②发生火灾后,选择最近的逃生出口,逃生时不要贪恋财物,确保生命安全。

③逃离火场的路上遇有浓烟烈火时,有条件的应把自己的衣物淋湿,再找一块湿毛巾捂住口鼻,可以起到隔热滤毒的作用。

④应冷静观察着火方位,确定风向。切勿盲目跳楼。

⑤身上着火可以在地上打滚的方式灭火。

■相关火灾知识

⑥楼道内烟雾过浓，无法脱离时，应利用窗户阳台，拴上绳索（可用床单撕成布条，系成绳索）逃生。

⑦如果烟、火封锁楼道，已无法逃离，应退回到安全的地方，紧闭火灾方向的门窗，火势逼迫时可用水冷却门窗，通过呼喊、掷物、灯光等方式求救。

七、交通安全

学校门口常常是人车交错，交通状况复杂，同时，学校处于建设、发展期，与外界交往、交流密切，校园内私家车明显增多，各种施工车、公务车、货运车也频繁进出校园，校内外交通安全都不容忽视。

■校门口人车交错

【案例】2019年1月3日18时许，某校16级学生李某（男，17岁）与朋友两人，骑电动车在回校的路上逆向行驶，因是傍晚时分，视线不好，再加上逆行，与正常驶来的电动三轮车相撞，当时李某被撞出三米远，不能动弹，随即送医院救治。

安全提示：同学们在日常生活中一定要注意交通安全，做到以下几点。

①穿越马路时，要遵守交通规则，做到"绿灯行，红灯停"。

②穿越马路时，要走直线，不可迂回穿行；在没有人行横道的路段，应先看左边，再看右边，在确认没有机动车通过时才可以穿越马路。

③不要翻越道路中央的安全护栏和隔离墩。

④不要突然横穿马路，在马路对面有熟人、朋友呼唤时应尤其注意，以免发生意外。

⑤集体外出时，最好有组织、有秩序地列队行走；结伴外出时，不要相互追逐、打闹、嬉戏；行走时要专心，注意周围情况，不要东张西望、边走边玩手机或做其他事情。

⑥骑车时不攀扶机动车辆，不载过重的东西，不骑车带人，不在骑车时戴耳机听广播。

⑦要学习、掌握基本的交通规则。

⑧不要在校园内快速骑电动车，入校门时要下车推行。

八、女生安全防范

女生相较男生更容易受到外来侵害，更应提高自我保护意识。

（一）树立正确的人际交往观念

女生应树立正确的人生观、恋爱观，与同学正常交往。不结交社会青年，不轻易相信陌生人，不瞒着父母与网友见面。

（二）外出时多加注意

①不乘坐黑车，不与不认识的人拼车。

②外出时结伴出行，单独外出时尽量不与陌生人交谈，遇问路的陌生人，不要去他指定的地点。

③不走偏僻、灯光昏暗的小道，尽量走人多的地方。

④通过天桥、地下人行通道时，速度最好快些，发现有可疑人员最好绕道行走。

（三）积极防范以避免发生性骚扰和性侵害

1. 筑起思想防线，提高识别能力

女生特别应当消除贪图小便宜的心理，对一般异性的馈赠和邀请应婉言拒绝，以免因小失大。应谨慎待人处事，对于不相识的异性，不要随便说出自己的真实情况，一旦发现某异性对自己不怀好意，甚至动手动脚或有越轨行为，一定要严厉拒绝、大胆反抗，并及时向学院有关领导和保卫部门报告。

2. 行为端正，态度明朗

如果自己行为端正，坏人可能就会无机可乘。如果自己态度明朗，对方则会打消念头，不再有任何企图。若自己态度暧昧，模棱两可，对方可能就会增加幻想、继续纠缠。在拒绝对方的要求时，要讲明道理，耐心说服，一般不宜嘲笑挖苦。参加社交活动与男性单独交往时，要理智地有节制地把握好自己，尤其应注意不能过量饮酒。

3. 学会用法律保护自己

对于那些失去理智、纠缠不清的无赖或违法犯罪分子，女生千万不要惧怕他们的要挟和讹诈，也不要怕他们打击报复，要大胆揭发其阴谋或罪行，及时向老师和公安机关报告，学会依靠学校和运用法律武器保护自己。

4. 学点防身术，提高自我防范的有效性

必要的时候，学点防身技术，能更好地保障自身的安全。

九、实训、实习安全

实训、实习是我校教学的重要组成部分，在实训、实习时更应提高安全意识，做到以下几点。

①严格按照实训、实习要求和规程操作。

②接触到电、火、运动机械、高空、易燃易爆等工作项目时，尤其要注意安全。实训课中需要使用酒精灯和一些易燃的化学药品时，要在任课老师的指导下进行，并且严格按照操作要求去做，时刻小心谨慎，严防火灾发生。

③未经老师允许，不擅自操作陌生设备。

④不私自离开实训区域。

十、社会实践安全

参加社会实践活动，能够帮助同学接触社会、了解社会，帮助自身树立社会责任感，增强创新和实践能力，同时提升自身的适应能力、沟通交往能力，以及承受挫折的能力，促进了认知和行为的统一，对于今后个人的就业和生活，也将起到很大的积极作用。

为了保障社会实践活动的科学化、规范化，保证实践教育、安全教育落实到位，学院分别制定了《学生参加社会实践管理规定》《驻厂老师管理规定》《在校班主任工作职责》等管理文件。参与社会实践的同学们一定要加强自我的安全意识，提升个人的安全防护能力，尤其要做到以下几点。

①在整个实践活动中，严格遵守学院制定的规章制度、纪律规定等要求，完全服从驻厂老师的安排和管理。

②严格按照实践活动所在企业、单位的具体要求和规程来操作（重点包括上岗出勤、岗位职责、安全规程等），服从企业、单位的安排和管理。

③下班后的安全同样重要。同学们应注意交通安全、饮食安全、人身安全、财产安全，不要一个人单独行动。同学之间要互相关心、互相帮助，保持团队活动的一致性。

④在整个实践活动中，应随时与驻厂老师保持沟通顺畅，遇到问题或困难，及时向驻厂老师和企业主管反映，遇到紧急情况，在联系驻厂老师的同时，可请求110、120、119等其他公共应急机构的救助。

第五章 管理篇

▶▶▶ 一、常规管理

（一）常规生活时间安排及要求

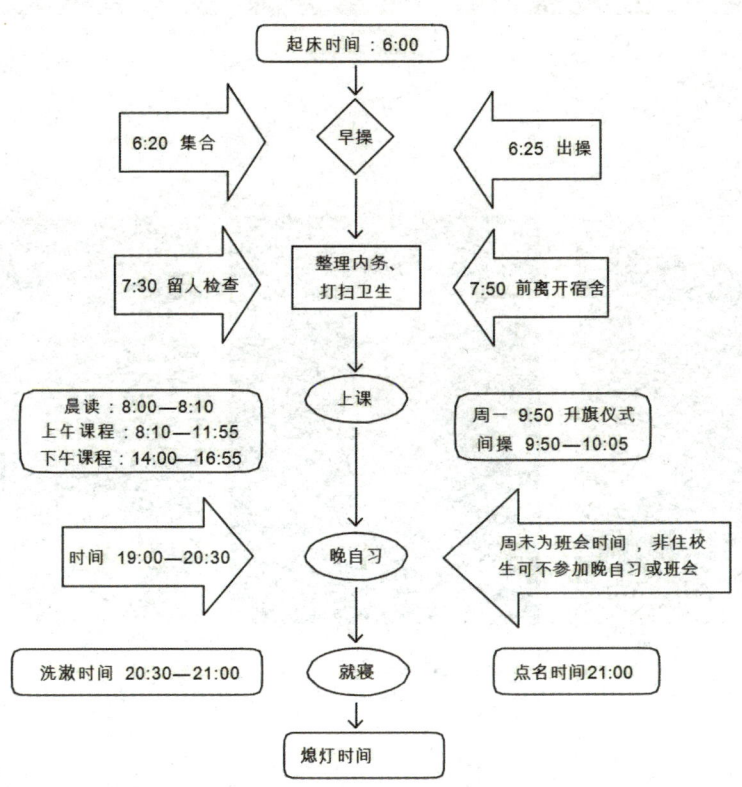

1. 学生一日常规

（1）晨起

①起床：6:00起床，做好出操准备。

②早操：第一组集合时间为6:20；第二组集合时间为6:40；以班为单位集合整队出操，队伍要整齐，口号要洪亮。

■ 出操

③洗漱、整理内务、打扫卫生，7:30各宿舍留人等待宿管部干部检查内务卫生，7:50以前离开宿舍。

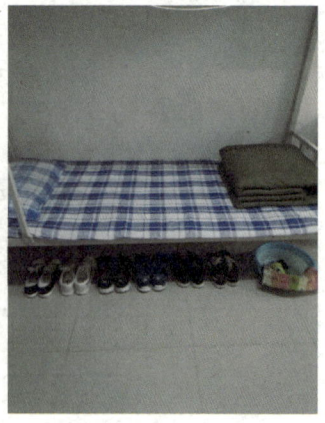

■ 整理内务

（2）到校

①穿戴整洁，朴素大方，不允许敞怀、穿吊带装、背心、拖鞋、超短裤、超

短裙，不染发、不烫发，男生不留长发、不剃怪异发型。

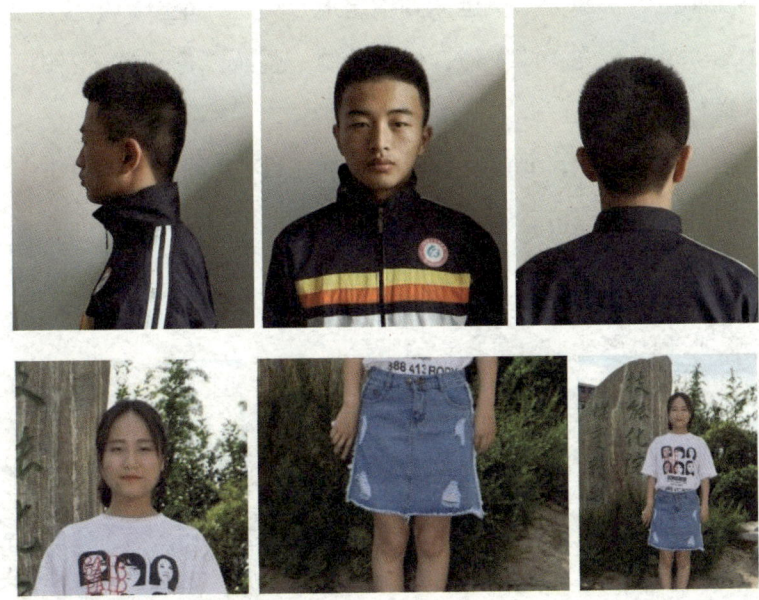

■ 穿戴整洁，朴素大方

②出入校门主动出示胸卡。

③准时到校，不迟到、旷课，因病、事不能到校上课者须事先办理请假手续。

④遵守交通规则，注意交通安全，车辆按规定地点停放、上锁、排列整齐。

⑤尊敬师长，主动问好。

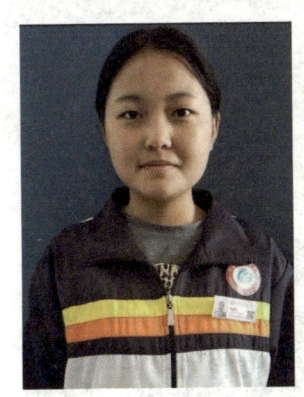

■ 佩戴胸卡　　　　　　　　　　　　■ 尊敬师长，主动问好

（3）升旗

①周一 9:50，以班级为单位迅速到指定地点列队，全校师生统一服装，精神饱满，党（团）员佩戴党（团）徽；保卫处统一整队，各二级学院班级清点人数按要求列队举行升旗仪式。

②升国旗、奏唱国歌，要肃立、脱帽，行注目礼。

③专心倾听国旗下演讲，不允许有说话、乱动现象。

④参加升旗仪式时要维护校园卫生的整洁。

■升旗

（4）上课

①上课。晨读：8:00－8:10。上午课程：8:10－11:55。下午课程：14:00－16:55。铃响前学习用品应摆放整齐，静候老师上课，迟到要喊"报告"，上课师生问好。

②应坐姿端正，集中注意力，专心听讲，积极思考，不做与本课学习无关的事情，发问先举手，回答问题时先起立，并用普通话响亮回答。

③自习课应保持安静，认真复习、做作业，由班长或副班长负责管理班级纪律，发现问题及时向班主任反馈。

■上课

④课前要预习，课后要复习，考试不作弊。

⑤不允许将校外人员领进教室。

⑥下课铃声响后，待老师示意下课后，方能整理书籍及学习用品、离开座位。出教室不拥挤，上下楼梯注意安全。

（5）实训课（含上机课、体育课）

①凡需在实训场地上课的班级，需按要求统一着装，在规定时间到指定地点集合，清点人数后，排队进入实训场地。

②按规定操作，设施、公物要爱惜，节约水电。

③遵守劳动纪律，工作场所应保持安静，物品摆放整齐，现场整洁。

④具有安全意识，不乱动电源、电器等物品。

⑤遵守各专业实训场地的规章制度。

■ 在实训场地上课

（6）课间操

①上操时间为9:50－10:05，应按规定迅速进入场地列队，做到快、静、齐。

②广播操做到24字：列队整齐、做操有力、动作精准、服装统一、精神昂扬、有序退场。

■ 课间操

（7）课间、课余

①尽量走出教室休息，上下楼梯要缓慢、右行，见到老师主动让行。值日生擦净黑板、整理讲桌。

②课间不出校门、不回宿舍，特殊情况需办理相关手续。

③不在教室和楼道内喧哗、吵闹，不在校园内追逐，不做有危险的动作。校内不允许吹口哨、放爆竹；不允许攀爬窗户、围墙；不允许私自拆卸电器、触摸电线，确保人身安全。

④爱护公物、花卉树木，教室及过道墙上做到无球印、手印、脚印。

■ 爱护花卉树木

⑤不乱丢纸屑、包装袋，不随地吐痰，不从教室、宿舍、楼上向外倒水、抛杂物。

⑥同学间团结友爱，举止文明，使用礼貌用语，提倡使用普通话；不叫侮辱性的绰号，不欺负年幼体弱的同学，杜绝校园欺凌现象的发生。

⑦男女学生交往正常，不违反"三非规定"。（三非：

■ 不乱丢纸屑

非正常地点、非正常时间、非正常接触。所谓正常时间、地点和正常接触，是指有老师在场，组织的体育课程、户外拓展、趣味活动，涉及队友之间相互协助、配合完成任务时发生的身体接触，以及正常的礼仪间的握手问候等。其他情况，私下拉手、挽臂、勾肩搭背、拥抱、亲吻等，均属于三非现象。）

⑧积极参加文体活动及社团活动，努力培养兴趣，发展特长。

⑨正确利用网络，不沉迷网络，学校明令禁止学生进入网吧。

⑩积极参加由学校、二级学院和班级组织的集体活动。

⑪住校生晚上19:00前必须返校，周五、周六、周日校门口实行晚检制度，迟到者须凭本人胸卡在门卫登记后方可进校，晚检后不允许无故离校。

（8）集会

①按时整队进入预备场地。

②按老师和学生干部指引依次进入集会场地，在指定位置就座。

③遵守会场纪律，认真听讲，不使用手机，不讲话，不做与集会主题无关之事。

④不携带零食，维护会场卫生。

⑤散会时按指令先后有序离场，不争先恐后。

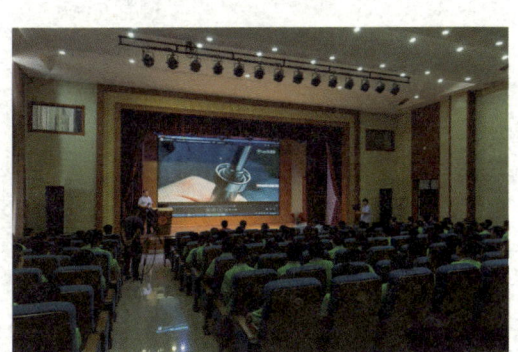
■集会

（9）放学

①下午第三节课后由班级值日生负责打扫教室卫生。

②非住校生回家途中不在路途游逛，遵守交通规则，注意交通安全。

■回家途中，注意安全

（10）晚自习

①晚自习时间（周日至周四）：19:00－20:30，周日为班会。

②住校生一律在教室内上自习，值班老师负责清点人数和管理纪律，非住校生一律不上晚自习。

③严格遵守自习时间和制度，不迟到，不早退，不旷课。

④晚自习必须保持安静，不讲话，不随意走动，或按二级学院开展活动。

■晚自习

⑤晚自习结束后，各班必须整理教室，及时熄灯，断开所有电器，关好门窗。

（11）就寝

①洗漱时间：20:30－21:00，同学们应互相谦让、抓紧时间、节约用水。

②点名时间：21:00，点名期间各宿舍人员不得在宿舍楼内走动、高声喧哗，应在宿舍内等候点名，点名时应答到。

③熄灯时间：21:30。

2.进入塑胶运动场要求

①各项活动的组织者，应负责对进入场地人员进行教育、监督和管理。体育课前体育委员应检查本班学生是否按场地要求穿鞋，是否将食品（包括口香糖）等带进场。下课后，由体育教师、体育委员负责检查场内卫生情况，清捡垃圾，清理好卫生之后方可离开。

②跑步时请沿逆时针方向跑，并请尽量使用三、四道，内跑道应尽量少使用，以延长场地的使用年限。

③严禁攀爬运动场四周围网，一经发现严肃处理。

④严禁穿高跟鞋、钉鞋进入场地。进场人员必须穿运动鞋。

⑤严禁在塑胶跑道上踢足球或进行其他球类活动，草坪上允许开展足球活动，凡遇雨雪天气一律停止使用。

⑥严禁在运动场内喝含糖饮料或吃口香糖及其他食物，更不能将此类物品丢

弃在跑道面。

⑦严禁在运动场进行与体育运动无关的活动，尤其是对场地有损害的活动。

⑧严禁将有机溶剂、油脂、酸、碱等化学物品带入运动场。

⑨严禁将烟蒂、烟花等火种丢在运动场。

⑩严禁在运动场堆压重物，严禁一切机动车和非机动车进入场地（如自行车、斗车、小车、货车等）。

⑪严禁用刀、锥、铅笔、尺子等利器划割和掀动扯拉草皮，严禁挖、抓胶粒和石英砂，严禁拔、割人工草皮、草叶。

⑫严禁在运动场和向下水道扔垃圾。

⑬严禁使用扫帚、铁制垃圾斗等打扫运动场，造成设备损坏的由责任者按价赔偿。

⑭严禁有意用鞋底摩擦地面颗粒或用手撕扯地面颗粒。

⑮严禁带宠物进入运动场。

⑯未经过老师许可不准上升旗台、主席台。

⑰进入运动场地活动者应自觉执行上述规定，服从管理，违者视情节轻重，由主管部门按照规定处罚。

⑱凡进场人员必须爱护场内一切公共设施，如有人为破坏草皮或跑道等行为，或破坏塑胶场地上的体育设施，一律以平方米为单位（不足一平方米按一平方米计算）照价赔偿，按学院有关规定严肃处理，并根据其损失程度及情节轻重，分别给予全校通报等纪律处分。恶意损坏，情节严重的，移交公安机关处罚。

保护场地是每个师生应尽的义务和责任，维护场地设施人人有责，请大家保护学院财产，处处留心。

3. 其他要求

①出入信息办公楼一律从大楼的北侧东、西步梯出入，不允许从信息办公楼南面正门出入，不得乘坐电梯，不得大声喧哗。

②学生电动车仅能从校门到车棚之间缓慢骑行，不得在校园其他区域骑行，否则将严肃处理。

③学生不得将一次性塑料袋、杯子等物品带入运动场、教学楼、宿舍楼等公

共场所。

（二）常规手续办理流程

1. 专业调剂办理流程

①新生办理入学入班手续之后，至备案前可调剂专业。

②调剂专业流程：班主任向招生就业处领取《专业调剂申请表》→家长同意签字→调出二级学院学管副院长签字同意→招生就业处协调登记盖章→学生处开具进班条→学生处宿舍登记（相应调整宿舍）→入新班学习。

2. 休学办理流程

①因参军办理休学手续须家长携带《入伍通知书》复印件，因病办理休学手续须携带医院诊断证明，且家长应与班主任说明情况。

②休学 30 天内返校后跟原班继续学习，休学超过 30 天随下一届同一专业的班级重新学习；如在新学期复学，需在开学前与原班主任联系。

③因病休学的情况下，复学时须携带医院相关证明。

④休学手续办理流程：学生本人或家长携带证明材料，到学生处领取《休学申请表》→家长签字同意（或携带诊断证明，家长与班主任电话沟通）→班主任、

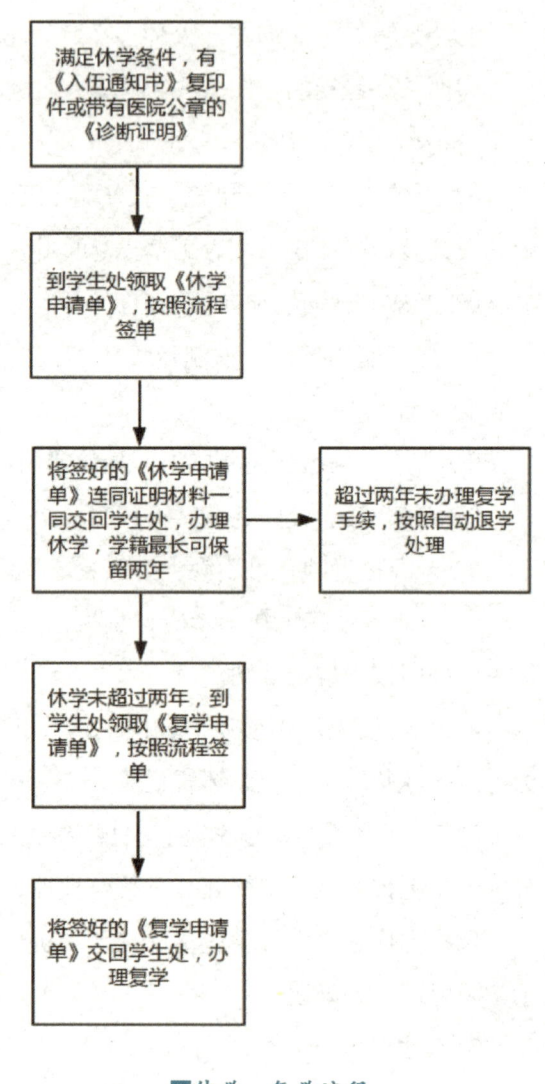

■休学、复学流程

学管副院长签字同意→学生处同意、备案登记,开具离校证明(含宿舍签字)→离校。

⑤复学手续办理流程:休学期限满后携带相关证明返校→学生处领取《复学申请单》→班主任、二级学院签字→招生安置办公室签字→凭复学申请单到学生处登记→学生处开具进班条→学生处宿舍登记(相应调整宿舍)→入新班学习。

3. 退学办理流程

①办理退学手续须学生家长到校申请。

②针对退学的学生,自退学之日起取消获取国家助学金资格。

③退学学生须将胸卡、学生证等证件交还学生处,宿舍钥匙交还值班室,保证公物无损坏(否则按价赔偿)。

④退学手续办理流程:学管副院长处领取《退学申请表》并及时系统提报→按照《退学申请表》格式逐一填写签字→签完字的《退学申请表》交至学生处,学生处开具《离校证明》→携行李离校。

4. 在校生证明办理流程

①办理在校生证明的学生向班主任提出申请,到二级学院学管副院长处领取《办理在校生证明手续》和《非参军用在校生证明》或《参军专用在校生证明》。

②学生按照格式填写《办理在校生证明手续》,并到指定部门逐一签字。

③签字完毕,携带以上两个"证明"到学生处盖章,并将《办理在校生证明手续》交学生处备案。

5. 毕业生离校手续办理流程

①毕业生在离校的前一天或者当天办理离校手续。

②办理离校手续时要将胸卡交还学生处,宿舍钥匙交还值班室,保证公物无损坏(否则照价赔偿)。

③毕业生到班主任处领取《学生就业离校手续单》,并按照要求填写信息。

④学生持《学生就业离校手续单》依次到指定处室签字。

⑤将签完字的《学生就业离校手续单》交学生处,学生处在《离校通知单》上签章,准予离校。

6. 学生宿舍入住及变更办理流程

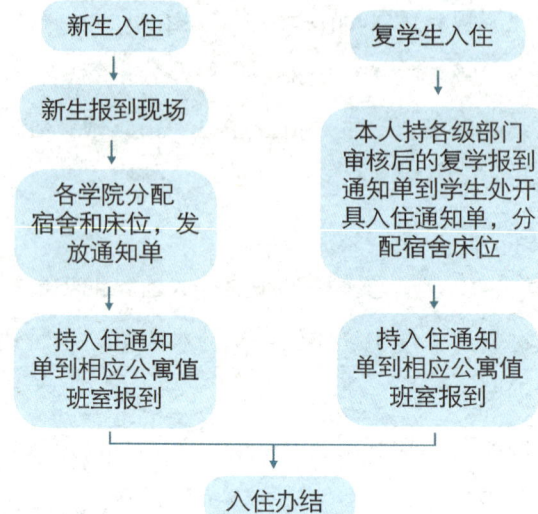

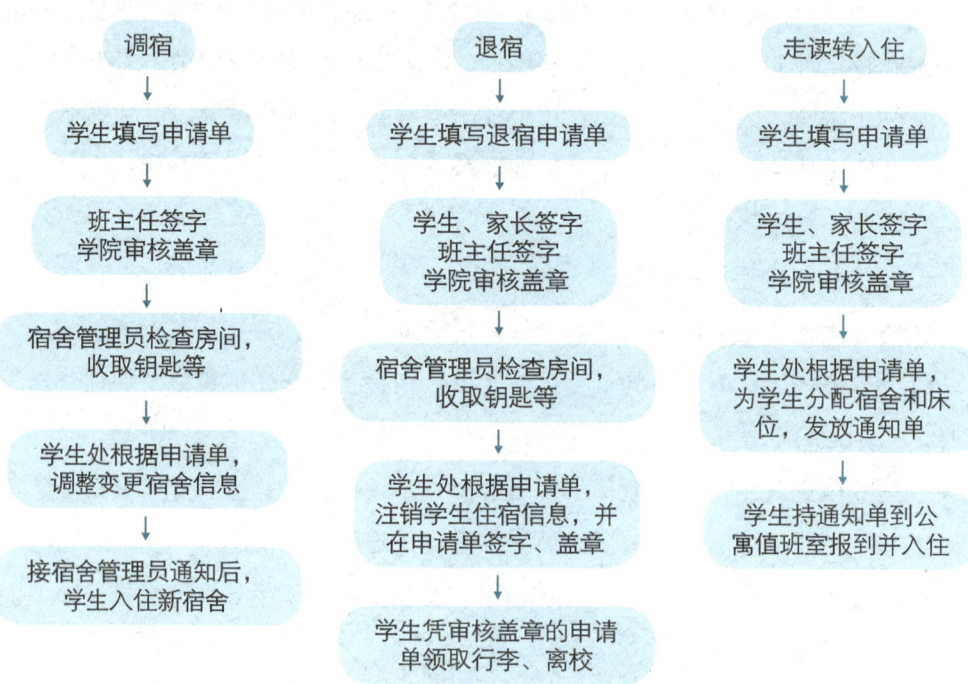

■学生宿舍入住及变更办理流程图

7. 学生证的办理和在校生证明的开具

学生证是证明学生身份的证件，学生应当对个人的学生证十分爱护，并妥善保管。学生证领取、办理的办法如下。

①新生入校，以班级为单位进行办理、领取。

②办理时，根据班级学生需求，可以同时办理由教育部、铁路总公司监制、下发的"火车票学生优惠卡"，享受在指定假期，乘坐火车优惠的待遇。其使用时，需要粘贴在学生证内页上。

③学生证遗失后，应及时进行补办。

④补办时间，每周的周一下午第二节课后；补办地点，学生处办公室。

⑤学生证不得外借，学生退学应将其交给班主任老师。

⑥学生证每学期开学后的第二周，由各二级学院负责相关的注册事宜。

在校学生如有参军、政府资助政策等方面的正规需求，需要开具"在校生证明"的，按照如下程序进行办理。

①学生个人向班主任提出口头说明，并根据班主任指导、准确查询个人学籍号，同时填写如下纸质申请材料："办理在校生证明手续单"、"在校生证明单"。

②纸质申请材料经班主任、二级学院审核、签字后，到学生处办公室办理，并盖章。

③办理时间：每周的周一、周三下午第二节课后。

（三）管理制度

1. 班级管理制度

①建立班委会和支委会（即团支部委员会）。新生班级临时班委会由1~3人组成。成员由班主任在学生入校时目测、阅卷和翻阅学生档案后确定。2~4周后，建立正式班委会和支委会，班委会和支委会由思想好、学习好、有一定组织能力、热心为班级和团支部服务的学生组成。其人选由班主任提名，民主选举产生，应每学年改选一次。

②班委会和支委会成员。班委会由班长、副班长、学习委员、体育委员、生活委员、心理委员、安全委员、公物委员共8人组成，支委会由团支部书记、组织委员及宣传委员共3人组成。支委会成员必须为共青团员，若无法成立支委会，

班级团员可以加入二级学院临时团支部。班级下设若干小组，每小组民主产生小组长一人，协助老师、班委和支委工作。

③班委会和支委会职责。在班主任、二级学院、学生会和团总支的领导下，以树立良好的"学风、班风"为中心，以"文明班级""书香班级""文明宿舍""五四红旗团支部"等创建为载体,通过形式多样的教育活动,争创优秀班集体和团支部。

④班委会和支委会成员的分工与职责。根据团中央关于共青团改革意见中班团一体化的要求，班委会和支委会一体运行，班长兼任团支部副书记或团支部书记兼任班长，做到"计划同定、活动同办、工作同商、难题同研"。

a. 班长（可兼任团支部副书记）：在班主任的领导下，全面负责班委会的工作，重点抓好纪律、考勤工作，做好班会记录；协助团支部书记做好团支部工作。

b. 副班长：协助班主任负责住校生宿舍管理工作。

c. 学习委员：协助任课老师搞好班里的学习，认真填写《教学日志》。

d. 生活委员：主要负责班级卫生及班级公物的保管工作，收集学生对生活管理方面的意见和建议，并向班主任反映。

e. 体育委员：主要负责班级的体育活动及"两操一课"。

f. 心理委员：主要配合学院宣传心理健康知识，开展相关教育活动。

g. 安全委员：协助班主任做好平安班级创建工作。

h. 团支部书记（可兼任班长）：全面负责本班的团支部工作，与其他团支部委员共同组织开展主题团日活动以及组织生活会等工作；协助班长处理班级事务。

i. 组织委员：主要负责团员统计、团籍管理、团费收缴、新团员发展以及组织生活等工作。

j. 宣传委员：主要负责团支部的网络舆论和宣传思想，引导和组织团员青年理论学习等。

⑤在班主任指导下，班级每周召开一次班委会，总结上周工作，布置下一步工作。每学期召开两次班委生活会，总结思想建设情况，班委会成员自我检查工作表现，进行批评和自我批评，并结合班级评比情况，总结优点找出差距，制定班级努力方向；支委会根据团支部"三会两制一课"的要求，组织好团内各项工作。

⑥每周日晚上 19:00—20:30 为班会时间，对学校和二级学院的工作安排上传

下达，总结本班级工作，及时反馈操行分的加扣分情况。

⑦每月各班要根据学校工作或班级具体情况，有针对性地召开一次主题班会。按要求开展团活动，做到有准备、有记录、有总结。

⑧每学期开学第二周，各班要制订出班级学期工作计划交二级学院，制订团支部学期工作计划交二级学院团总支。

⑨每学期开学后第一周每班安排一次安全纪律教育班会。

⑩完成学校安排的劳动实践课工作。

2. 家长联系制度

为了进一步加强河南化工技师学院学生德育管理工作，加强与家长的联系、沟通和交流，探索建立学校、家庭、社会全员、全方位、全过程育人长效机制，保障在校学生的健康成长，激励和完善我校家校联系制度，特制定本制度。

一、内容与措施

（一）学校有关事务的实施和开展相关活动要通过《致家长一封信》、家长群、电话、短信、校信通、微信或QQ等形式征求家长意见，做到有传必达，避免遗漏。

（二）每学年每班设立《家校联系本》，主要记录学生在校、在家的学习和生活情况，作为家校联系的主要依据，要求本学年内对本班所有学生至少进行一次家校联系。

（三）教师平时要通过家访、电访、QQ、微信等形式与家长进行联系，也可以在家长的QQ群和微信群中召开"网上家长会"，及时提供学生在学校的学习情况，做好家校联系记录。

（四）各二级学院每学期要随机选择一定比例的学生家长进行问卷调查，以期了解家长对学校的态度和意见等。

（五）对有重大违纪行为或出现重大事故的学生，及时将有关情况通报给家长，并说明可能带来的不良后果，以便家长和学校共同做好学生的教育工作。

（六）学校每年开展"校园开放日"活动，邀请家长参观学院，全面了解学生的思想、学习和生活情况，以及学校的管理状态。教师要热情接待家长，接受家长的咨询、建议等，并做好记录。

（七）各二级学院每年开展一次家校联系活动，可以是座谈会，也可以邀请家长参加二级学院活动，将图文资料交至学生处。

（八）班主任应在学期期中告知家长学生的操行分情况，以便督促共同教育学生。

（九）各二级学院、班级成立家长委员会，定期开展家长网络调查问卷，收集家长意见或反馈。

（十）二级学院每学年应至少开展一次家长对班主任工作的测评。

二、家校公开制度

（一）学校公开的内容和范围。

1.学校的学期工作重点，学校的规章制度以及重要的决策决定。

2.学生的表彰及处分决定。

3.向学生收取的各种费用的标准。

4.学生本学期获得奖、助学金情况。

5.学校、二级学院及学管主要部门的办公或紧急联系方式。

（二）家庭公开的内容和范围。

1.家庭基本情况及"建档立卡"情况。

2.对学生的培养目标和教育要求。

3.对学校的意见和建议。

4.如实反馈学生的身心健康状态和思想动态。

（三）公开的形式。

1.学校的内容以校务公开或公告布告的形式公开。

2.家庭情况及家长意见或建议通过家校联系公开。

三、相关要求

（一）教师不得利用家校联系之便向家长索要任何形式财物。

（二）家校联系过程中，班主任老师向家长如实告知学生在校期间表现情况。

（三）不能向家长灌输落后消极的教育观念和思想。

（四）进行家校联系时应注意保持教师良好形象和师德师风。

（五）各二级学院要高度重视，督促教师做好与家长的联系工作，及时、准确地将学生在校学习和生活情况告知家长。

（六）各二级学院做好相关记录，留存好相应的图文资料，并纳入班级考核。

（七）学校将定期进行监督检查。

3. 学生考勤制度

为了保障学校正常的教学秩序，严肃考勤纪律，特制定本制度。

①考勤范围：学生早操、课间操、上课（含实训课）、自习、集会活动、班会。

②考勤时间：以预备铃或上操铃为准。

③考勤表：各班班长到各二级学院学生会领取考勤表，按要求做好考勤记录，凡请假者，必须按请假规定程序审批。考勤表的记录应与教学日志和系统内请假信息一致，班主任每天检查本班考勤表，做到准确无误。

④请、销假程序见下图。

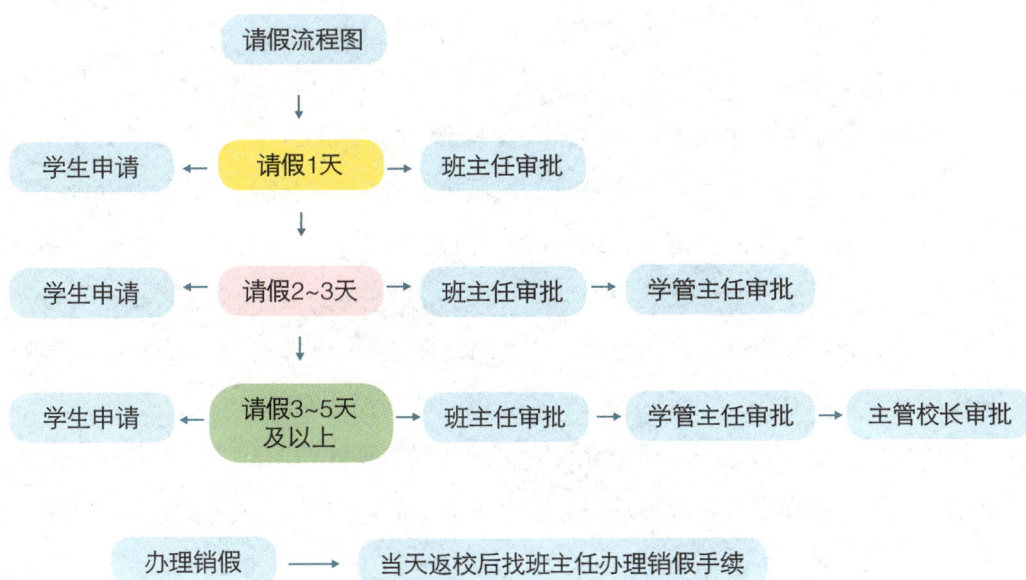

■ 请、销假程序

非特殊情况，不得请假；请假者本人按规定程序办理请假手续，否则按旷课处理。具体程序如下。

a. 请假须经过家长和班主任联系核实，方可准假。

b. 请假1天（含续假累计）：学生本人提出请假申请→班主任审批→门卫登

记离校→返校后到班主任处销假。

　　c. 请假 2～3 天（含续假累计）：学生本人提出请假申请→班主任审批→学管副院长审批→门卫登记离校→返校后到班主任处销假。

　　d. 请假 3～5 天（含续假累计）：学生本人提出请假申请→班主任审批→学管副院长审批→学生处审批→门卫登记离校→返校后到班主任处销假（超出 5 天的，主管校长审批）。

　　e. 周末请假：学生本人提出请假申请，家长同意→班主任审批→学生离校→周日 19:00 前返校。

　　f. 周末管理。

周五、周六、周日：19:00 之前返校，迟到者凭胸卡或学生证在门卫登记方可入校。

周一上午班主任负责完成周末请假学生的销假工作。

　　g. 销假、续假。

销假：学生返校时按要求销假，未及时销假的，每次扣操行分 2 分。

续假：一般不许续假，若有特殊情况则由家长向班主任电话续假并办理续假手续，学生返校后及时销假，否则按旷课处理。

　　⑤注意事项。

　　a. 学生请病假须有医院证明或医务室的病休证明；上课期间因病外出看病者，须持医务室证明并在二级学院登记后，凭出门证到校外就医。

　　b. 学生在校学习期间一般不允许请事假，确有特殊情况的，需由家长向班主任电话请假，按规定程序批准后可离校，事假时间一般不超过 5 天。

　　⑥缺勤处理。

　　a. 缺勤的扣分情况参照《学生操行评定百分考核办法》。

　　b. 旷课按节数视情节参照《学生违纪处分暂行条例》给予相应处理。

　　c. 考勤结果与奖先评优相联系。

二、教室管理

（一）班级公物检查考评细则

■教室

为了牢固树立学生爱护公物、热爱班级、热爱学校的思想，进一步加大班级公物管理力度，减少学校公物的人为破坏及损失，更是为了提高班级管理的质量，培养学生自觉遵守学校的各种规章制度。针对本校的特点，特制订本管理办法，望各班级遵照执行。

班级公物主要指用于教育教学、卫生保洁的各种固定资产、日常用品，具体包括：①固定资产，如班级牌、门（含门锁、钥匙、插销、门头窗玻璃）、窗（含窗框、纱窗、玻璃）、窗帘、投影仪、投影仪控制箱、电视机、吊扇、日光灯（含开关、灯管）、插座、黑板、白板、讲台、讲桌、学生桌、凳子等。②日常用品，如扫帚、拖把、垃圾斗、红桶等。

总务处同各班主任签订《班级公物管理责任书》，班主任为各班公物管理的责任人，其主要职责是管理好班级内一切公物，协助总务处做好日常的检查、监督工作，发现问题及时处理，并通知总务处进行维修。

每学期开学，班主任根据《班级公物管理责任书》要求，对班级公物进行清点，并详细登记。对存在的问题，通知总务处修理、增减，待完成后，在《班级公物管理责任书》上签字认可，开始进行日常管理。

每学期结束，总务处对班级公物进行检查，利用假期对发现的问题进行集中维修，针对人为损坏情况，责成有关人员进行赔偿。

班主任要加强对学生的日常宣传教育工作，做到固定资产无损坏、无增减（学生有变动除外），日常用品无人为损坏。

各班级所使用的桌凳损坏请于每周三下午到总务处找韩老师维修。其他公物一旦发生损坏，应于当日及时在OA填写《报修登记表》，仪电公司将尽快购料并安排人员维修。公物分自然损坏、人为损坏，经维修人员鉴定后，总务处根据性质的不同进行处罚，处罚标准：

①固定资产自然损坏免予赔偿，人为损坏按原价赔偿且扣班级积分。但在学期末进行验收时仍是坏的，并没有进行积极维修，按评分标准进行扣分。

②日常劳动用品新班发放一次，之后每学年扫帚、拖把可以拿损坏的到校总务处换新一次。

③凡有恶意性损坏行为的，在赔偿后由总务处通知学生处，给予相应纪律处分。

公物赔偿办法：

①可自行解决（学生积极主动的可免其他处罚）。

②学校联系维修，按维修实际价赔付（同时该怎么处罚就怎么处罚）。

③总务处对班级公物桌椅管理，凡发现不属于本班公物，或损坏、遗失的，按照谁使用处理谁的原则，视为公物人为损坏进行处罚。

评分标准：

①门和班级牌。

a. 损坏门拉手一次扣1分。

b. 损坏门锁插销一次扣2分。

c. 学期末上交两把钥匙，丢失一把钥匙扣2元。

d. 学期末班级验收，班级丢失门锁扣2分，一把锁扣5元。

e. 门头玻璃损坏扣2分，1块小玻璃扣5元，大玻璃扣10元。

f. 损坏整扇门照价赔偿并扣5分。

g. 班级牌损坏或丢失扣2分。

h. 推拉门损坏一扇扣3分，照价赔偿。

②窗和窗帘。

a.窗户根据损坏情况每扇扣1~5分，严重损坏需照价赔偿。

b.窗帘根据损坏情况扣0.5~5分，如有多个窗帘破坏及污染将依次累加扣分，人为造成损坏严重或丢失照价赔偿。

c.窗纱根据损坏情况每扇扣1~3分，人为造成严重损坏或丢失照价赔偿。

③用电设施。

a.开关、插座损坏，每个扣1分。

b.电扇人为损坏，每台扣3分，根据维修费用照价赔偿，自然损坏无须赔。

c.电灯损坏每根扣1分，人为损坏照价赔偿，自然损坏不赔偿。

d.电视机损坏扣5分，损坏严重需照价赔偿，自然损坏不赔偿。

e.投影仪控制箱损坏扣3分。

f.投影仪损坏扣5分，损坏严重需照价赔偿，自然损坏不赔偿。

g.电视遥控器和投影仪遥控器丢失，每个扣5分，扣5元。

④桌凳。

a.课桌丢失或报废，每张扣4分，人为损坏，每张2分。木课桌损坏扣20元，丢失扣40元；钢木课桌损坏扣30元，丢失扣60元。自然损坏请及时维修，期末未修按人为损坏扣分、扣钱。不属于本班的课桌发现一个扣2分（如本班为木课桌班级，但有钢木课桌，要扣钢木课桌分数）。

b.凳子丢失或报废，每个扣2分，损坏每个扣1分。木凳损坏扣10元，丢失扣20元；钢木凳子损坏扣15元，丢失扣30元。自然损坏请及时维修，期末未修按人为损坏扣分、扣钱。不属于本班的凳子，发现一个扣1分（如本班为木凳子班级，但有钢木凳子或其他款式凳子要扣钢木凳子或其他凳子分数）。

c.讲桌损坏扣5分，严重损坏无维修价值的需照价赔偿。

⑤黑板和白板：黑板和白板损坏的须按价赔偿且每次扣5分。

⑥班级期末验收卫生情况。

a.黑板没擦干净，一块扣2分。

b.桌面或桌斗没有清空，根据情况扣1~3分。

c.桌椅摆放不整齐，扣1~3分。（凳子放于桌面右上角位置，多余凳子放教室后黑板下边，要整齐摆放。）

　　d. 班级地面卫生没打扫干净扣1~5分，垃圾斗或垃圾桶需清理干净，未清理干净扣1分。

　　⑦班级公物确认表签字：班主任应在教室验收后的规定时间内到总务处对《教室公物交接表》确认签字。确认签字分为期初和期末两次，一次未签扣5分。

（二）教室卫生制度

　　①教室卫生每天打扫三次，检查时间分别是早上7:40、下午13:40、晚上18:40。

　　②教室卫生日常由各二级学院学生会干部检查，评分纳入对班级的考核。

　　③教室卫生日常检查标准应参照学校《教室6S管理要求及考核标准》。

　　④大扫除时间为每个月第一周的周三下午第二节课后，大扫除检查由学院统一安排。

　　⑤卫生检查时段，凡教室锁门或没有打扫，按零分处理；不留值日生待检的，在当天卫生评分的基础上扣5分。

　　⑥校学生会卫生部每周抽查教室6S情况1次，检查标准按照《教室6S管理要求及考核标准》执行，并纳入班级考核。如有因特殊情况抽查不到的班级，将进行二次抽查。

　　⑦卫生标准：按照《教室6S管理要求及考核标准》执行。

教室6S管理要求及考核标准

项目	编号	检查内容	分值	每次/处扣分
整理	1	教室无废弃物品、破损物品，如窗帘、桌凳、黑板、宣传标语等；物品损坏及时报修，勿堆积在教室	6	2
	2	教室内及桌面不摆放与教学、学习无关、不必要的物品	6	2
	3	教室文化标语悬挂无脱落、无灰尘	4	2

续表

项目	编号	检查内容	分值	每次/处扣分
整顿	4	卫生工具整齐有序并摆放到指定位置	4	2
	5	讲桌上物品摆放整齐有序，内外部整洁	4	2
	6	学生桌凳、教师讲桌摆放整齐	6	2
	7	课桌上书籍摆放整齐，书本摆放到课桌的左上角，课桌内部整洁	6	2
	8	多媒体箱收纳整齐有序	2	2
清扫	9	黑板、白板、桌凳（讲桌及课桌）、班级门牌门窗干净无灰尘	8	2
	10	电灯开关、风扇开关、多媒体箱等地方干净、无污迹、灰尘	4	2
	11	教室墙壁无蜘蛛网，无乱张贴、乱画	2	2
	12	垃圾桶及时倾倒，晚自习检查可以有少量垃圾；地面卫生干净，无垃圾、黑胶、明显油渍等	6	2
清洁	13	教室应经常通风，室内无明显异味	3	1
	14	教室内张贴有值日生表	2	2
	15	教室张贴区域有最新个人操行考核公示表	2	2
	16	班级班规、大扫除分工表、学校相关文件在教室张贴有序	4	1
素养	17	学生仪容仪表符合学校要求	2	2
	18	晚自习时段无聚集聊天、追逐打闹、喧哗、随意走动、未在指定位置就座、听歌、玩手机、玩游戏等现象	8	2
	19	不阻碍正常检查，无文明礼貌用语，扣分依据充分却不签字等行为	8	8
	20	光线充足、教室无人时要关灯，教室无人时要关电扇、电视，投影不使用时要关闭	1	1
安全	21	教室锁具正常使用，做到人走门锁	1	1
	22	教室内无易燃易爆品	2	2
	23	无乱拉电线等现象，不存放大功率电器	2	2
	24	教室内无管制刀具等校园违禁品	3	3
	25	教室内物品正常使用，无安全隐患	4	2
		总分	100	

注：1. 上述内容由二级学院负责日常检查考核，学生处抽查。
2. 每月检查及抽查平均分数≥90分的班级视为达标，方可获得文明班级评选资格。

（三）教室定置图及卫生工具摆放要求

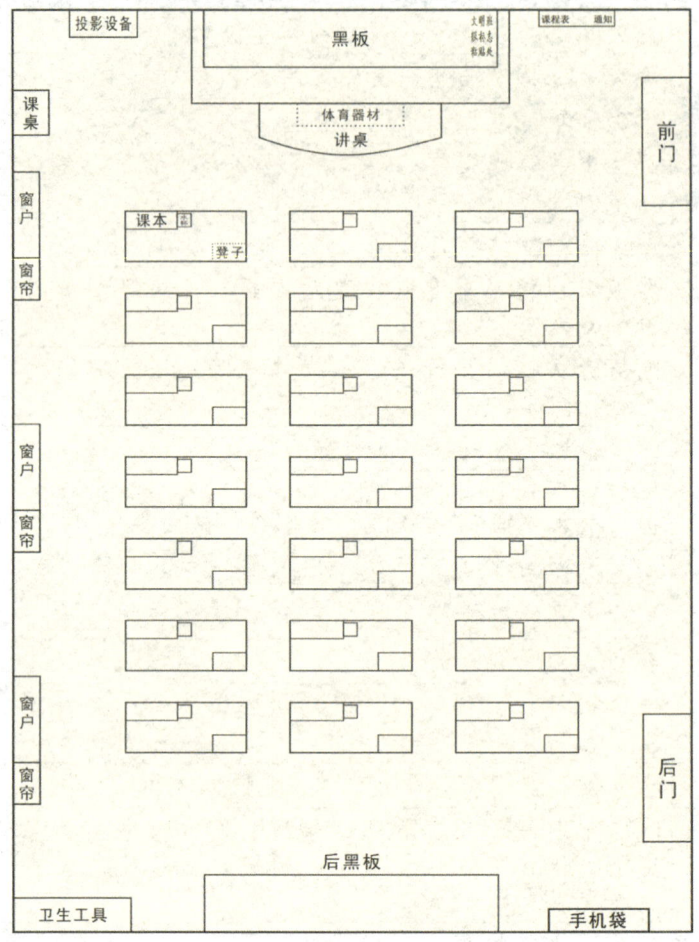

■ 教室定置图

■ 教室卫生工具摆放

①课桌内请保持整洁,卫生工具需摆放到位,教室内请勿堆积饮料瓶、塑料袋等杂物。

②课桌椅根据班级大小及学生人数摆放整齐,做到横成排、竖成列。

③班级所获奖状统一张贴在教室后黑板上方,要求张贴整齐,布局美观。

三、宿舍管理

■学生公寓

(一)宿舍管理与安全制度

1. 宿舍管理制度

①宿舍楼设值班室,基本管理人员由宿管老师和教官组成。男、女宿舍楼每天另有一名学管人员执行常规的值夜班制度。

②宿舍楼由学生处、各二级学院共同管理,各级学生会的宿管部干部协助宿管进行日常的管理和维护秩序。

③新生开学时,宿舍为新生发放一把宿舍房间钥匙,离校时须将钥匙交还到值班室。

④学生进宿舍楼应出示胸卡或学生证,服从值班人员管理,接受询问,礼貌回答。

⑤禁止带校外人员进入宿舍,不随便进入他人宿舍,不得随意动用他人物品。

⑥每间宿舍选一名寝室长,全面负责本宿舍的内务卫生与安全工作。宿舍内

要统一使用学校所发的床上四件套。

⑦学生按分配的房间、床位住宿，不得擅自调换床位。

⑧学生离开宿舍要关好门窗，拔下墙壁插座，切断电源，带出大件物品要有离校证明，并接受值班人员检查，做好登记。

⑨个人用品要妥善保管，贵重物品或钱财不要放在宿舍内。

⑩不准抽烟饮酒，不准跳窗、越墙外出。

⑪严禁在宿舍内追逐打闹、大声喧哗，严禁赌博行为。

⑫学生应爱护宿舍内门、窗、桌椅、床等公物，不得擅自拆装，门锁不得私自改、换。

⑬严禁在墙壁涂写、刻画、张贴及其他污损墙面的行为。

⑭严禁私拉电线、绳索、铁丝等物和改变室内固定走线。

⑮严禁私自动用消防设施，禁止使用明火。

⑯严禁携带易燃、易爆、有毒以及管制刀具等危险物品入内。

⑰宿舍床位不允许私拉布帘。

⑱不要在宿舍内做产生大噪音、影响别人正常休息的活动。

⑲发生紧急情况时，应保护现场并及时报告值班人员。

⑳宿舍人员离开宿舍务必要锁门，并保管好自己钥匙。

㉑宿舍楼锁门时间定为学院规定的上课时间、自习时间和夜间时间。上午：8:00－11:50。下午：14:00－15:45，19:00－20:30。夜间：21:00－次日 6:00。

㉒在规定的锁门时间内任何学生进入宿舍必须经过班主任和宿管的同意和批准。

㉓学生放假离校期间一律将贵重物品随身带走，以免丢失。

2.用电安全制度

为了加强学生宿舍安全用电、节约用电的管理，提高用电管理水平，确保"安全用电智能管理系统"安全有效运行，制定本规定。

（1）用电说明

①安全用电智能管理系统。学院使用"安全用电智能管理系统"，该系统具有功率识别、安全性断电、警示纠违功能和定额计量、超额提示充值购电功能。

功率识别：系统即时识别用户用电功率。超出功率自动安全性断电。

提示性断电：当电量用至剩余1度时，系统将对该寝室实施提示性断电，以提示用户充值购电，保证正常用电。

安全性断电：非停电或非提示性断电的断电，为安全性断电。当系统发现用户存在违章用电行为时，会实施安全性断电，以警示用户。

②空调的使用。空调使用过程中，室内外温差越大越耗电。如何最省电？冬季空调每调低2度可节电10%以上。冬季空调温度应设置在不高于20℃。关闭窗户、门，注意室内保温。出门前提前关空调。如何更健康？夏季空调温度不要低于26度。

（2）供电时间

①照明用电：由学校按时统一控制供电时间，照明用电免费。

②空调、插座用电。

周一至周五：12:00—13:50，17:00—18:50，20:30—次日7:50。周末：周五下午16:00—周一早上8:00。

③洗衣机供电。

周一至周四：12:00—13:40，17:00—18:40。周五：12:00—13:40，17:00—20:30。周六：8:00—20:30。周日：8:00—18:40。

④网络开放时间。为保证同学们有足够的休息时间，网络开放时间为6:30—22:30。

（3）购电说明

①以宿舍为单位到校园一卡通中心购电充电。

②各宿舍当月结余的电量，在该学年内将自动滚存至下月。

③宿舍房间调整后由宿管老师出具证明，方可到一卡通中心调整房间电费。

④同学们要适量购电，特别是在临近学期末，部分学生牵涉到宿舍调整，购电不宜过多。

（4）安全用电

①严格禁止使用发热性电器，如热得快、电热褥、电炉、电饭煲、电吹风、电水壶等。

■发热性电器

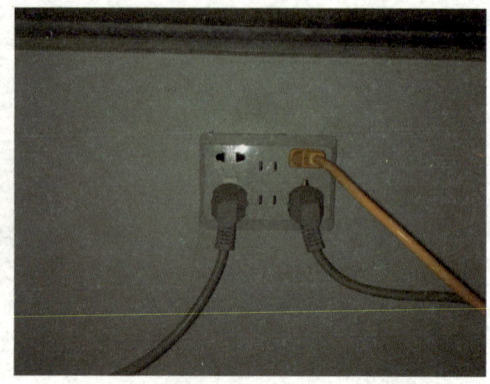
■不得私拉电线

②认真遵守用电安全规范。不得私拉电线，严禁在宿舍使用不合格产品和自制的用电设备。

③禁止违规使用和损坏公共场所配电设施，凡人为造成对系统设备的损坏，须全额承担相关经济损失。

④节约用电，做到人走电断，以免超负荷用电或长时间供电损坏电器或发生火灾等事故。

⑤系统识别并发出安全性断电警示后，将没收违章电器，严肃处理。

⑥学生宿舍内用电设施由该室学生使用保管，如人为损坏，由直接责任人照价赔偿，查不到直接责任者时，由本室人员分摊照价赔偿。

⑦因违反上述规定造成事故的，应当赔偿损失，并视其情节、后果轻重给予记过（含）以上处分。触犯法律的由司法机关处理。

⑧房间停电时，先查询房间剩余电量，确认有电后再报修，切勿私自维修。

⑨当宿舍内的公用电器设施发生故障时，如没电、跳闸等，应按程序报修，学生不得自行拆修，否则后果自负。

（二）内务卫生制度

（1）卫生打扫要求

①每两周进行一次宿舍大扫除，时间为周三下午第三节课，16:40 由教官和宿管老师进行检查。

②大扫除期间，每个宿舍要求至少有两名值日生参与打扫，打扫后留一人待

■宿舍内务整理

查,经检查合格或整改完毕后方可离去。

③不打扫者每人扣操行分5分,且当次房间卫生按"0分且最差宿舍"处理。

④大扫除与日常卫生内务检查与评分标准按照"宿舍内务检查内容与要求(宿舍6S)"执行。

(2)宿舍内务检查内容与要求(宿舍6S)

宿舍内务要求:床铺整洁、地面干净、物品摆放整齐有序、无私接乱挂、无乱贴乱扯等,即安全、文明、整洁、和谐。

宿舍内务检查内容与要求

项目	6S	内务整理标准	定义
整理	1S	1. 将宿舍冬夏季更替暂用不到的被褥、衣物、鞋及个人杂物及时带回家中存放	腾出空间利用空间
		2. 将宿舍内多余的鞋盒和快递盒子及时清理,床下的鞋子需要摆放整齐,多余的鞋子要及时收起	
		3. 桌子上的杂物要及时清理,必需品按要求摆放整齐,桌上杂物及时清理	
整顿	2S	4. 被子叠放整齐似豆腐块,棱角分明开口朝门,被单整齐无褶皱;床下鞋子鞋尖朝里,摆放整齐成一条线,脸盆摆放至床头、床尾,盆内物品摆放整齐	整齐划一并然有序
		5. 桌子上杂物分类摆放整齐,凳子整齐摆放到桌子下面,检查时插座上无充电器、充电线等	
		6. 阳台上的行李箱与卫生工具要摆放整齐,垃圾篓内垃圾及时清理,暖水瓶摆放整齐	

续表

项目	6S	内务整理标准	定义
清扫	3S	7. 地面没有纸屑、瓜子皮、瓜果壳皮等垃圾废弃物，清新无异味，床下垃圾也要清理干净	清洁干净 打扫如新
		8. 阳台、地面、墙角等无遗漏且打扫干净	
		9. 墙面上无壁纸、蜘蛛网、乱画、污渍等	
		10. 宿舍内制定宿舍值日表，尊重劳动、遵守卫生值日要求	
清洁	4S	11. 地面用拖把拖刷干净，无明显水渍，门后、床下等房间死角要拖扫洁净	明亮整洁 清新舒适
		12. 宿舍内窗户、房门、房门上玻璃、窗户槽、柜子、推拉门玻璃等要及时擦拭，保持整洁	
素养	5S	13. 各宿舍人员每天应坚持提前整理内务，养成个人卫生的良好习惯，争创文明宿舍	培养良好卫生习惯，打造健康优秀素养
		14. 柜子内私人物品整理到位，衣物叠放整齐	
安全	6S	15. 宿舍不得存放管制刀具，易爆易燃等违禁物品，禁止使用吹风机、热水壶等大功率电器，宿舍内部成员每周进行安全排查，有问题及时反馈、报修	谨记安全第一，防患于未然

说明：①内务检查时，一名值日生应当留寝待检，检查时如果锁门，按零分处理，如有特殊情况，提前需向宿舍教官报备。②检查时，在检查人员指出问题后值日生立即进行整改到位的，在该项扣分的基础上，可酌情加1~2分。③关于内务"不达标宿舍"，即当日宿舍内务检查中，低于75分且高于60分的宿舍，需要立即提升内务质量，并加强关注。④关于内务"最差宿舍"，即当日宿舍内务检查中，分数低于60分，且内务整体很差，需要引起重视和关注，立即教育并整改；在大扫除检查中，宿舍内务项合计低于60分，则确定为大扫除不合格，提报为当日"最差宿舍"。

（三）文明宿舍评选标准

①每月评选一次，经各班级自查上报，各二级学院审核、学生处审批后，公示并发放文明红旗。

②遵守学校宿舍管理的各项规章制度，无吸烟、无处分、无重大违纪、无最

差宿舍现象。

③日常内务和大扫除效果良好，内务月评分数≥80分，无私自调换床位、无随意留宿外人、无私接乱挂、无使用大功率电器现象。

④积极参加宿舍公共值日，公值效果达标。宿舍成员举止文明，言行得体，团结友爱，互助和谐。

■床铺

（四）公共值日要求与评分标准

（1）公共卫生值日内容

走廊、楼梯、厕所、水房、公共区域内的门窗、安防及照明设施的卫生。

■水房

（2）值日时间

早上7:20—7:40，中午13:20—13:40，晚上21:10—21:30

（3）交接办法

①按宿管人员排定的值日顺序，每个宿舍值日一周，每周值日完毕后转交下一个宿舍。

②由楼长带领一宿管干部交接，涉及各宿舍的寝室长主要负责，交接时检查卫生工具是否齐全，公共设施是否有损坏，卫生打扫是否按照要求打扫到位，并签字确定交接到位。

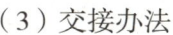
■走廊

③如有卫生工具损坏请到值班室找教官进行协调处理，如是故意损坏，需负责公值宿舍到财务处赔偿再领取。

④一经交接过后由接管宿舍承担一系列公值卫生打扫。如两方有任何问题或者难处，找班主任报告后及时找教官沟通解决。

注：a.每周日晚公共值日后为交接时间。

b.接管寝室长应严格检查，如有问题及时向值班老师汇报。

c.一经交接后，由接管宿舍承担责任。

（4）标准

①地面：干净、无纸屑、无垃圾、无积水。

②楼梯：拖干净，两头无遗留垃圾。

③扶手：擦干净，用手摸无灰尘。

④卫生间：地面干净，冲刷后无垢迹、泥迹，便池清理干净，手纸倒掉。

（五）水房公约

①节约用水，洗后随手关闭水龙头。

②水池堵塞，应主动疏通或报告值班老师。

③废弃塑料袋或其他物品均不允许扔在水房。

④不许在水房内大小便。

⑤不向地面抛洒杂物，以防堵塞地漏。

⑥爱护公物，水管、门窗、灯若有损坏，应立即报告老师进行维修或更换。

⑦熄灯后不要再去洗漱，尽早就寝。

（六）宿舍公物维护及检查制度

1.维护与报修制度

（1）宿舍公共场所的公共设施

由宿管人员和公共值日宿舍负责，包括楼道灯或门窗、水房或厕所灯、厕所纸篓等，每天由寝室长分工轮流检查是否损坏、丢失，并于周日晚上清点交接。

值班宿管人员定期对公共设施情况进行检查，并作为交接班的一项内容进行交接，若有解决不了的问题及时上报。需要修理的部分，宿管人员填写报修单交至仪电公司，由仪电公司派人维修。涉及设施安全隐患方面的报修，报修单填写"加急"，并要求宿管人员第一时间联系仪电公司。

（2）各宿舍内部的公物及设施

由涉及班级、宿舍承包管理，住进之前经检查无误后，全体正常入住、爱护使用。如果出现物品需要报修，报至班主任处，由班主任提报 OA 报修流程（仪电公司），等待维修。如果有学生出现故意损坏、破坏的行为，根据相关要求进行照价赔偿。

同时，故意损坏公物，除予以赔偿之外，还要给予纪律处分。

2. 检查及赔偿制度

①寝室长及宿舍成员，每天对本宿舍房间内部的公物进行检查，如有损坏，立即进行报修。

②遇到需要赔偿的情况时，赔偿流程为：所涉及学生，根据宿管值班室的物品价格表（仪电公司提供），到财务处交费，将交费单据交至宿管老师；由宿管老师贴在报修单上，交至仪电公司，等待仪电公司修理，并同时做好记录。

四、考核办法

（一）学生操行评定考核办法

为进一步推进素质教育，促进学生德、智、体、美、劳全面发展，推进学生思想政治教育和管理工作科学化、规范化，结合学生学习生活实际，特制定本办法。

（1）考核目的

操行分是用"百分"的形式考核学生的日常行为。在执行扣分的时候要加强思想教育，增强学生遵守纪律的自觉性。

（2）考核办法

将学生在学校的所有表现以分数的形式考核，学期初基本分为 65 分／人，全学期根据考核细则进行加扣分，最后累计得分即为期末学生操行分。

（3）考核程序

①每周班主任根据学生表现和加扣分通知单认真填写《学生操行分本》。

②班会点评学生操行考核情况，对低于 60 分的学生发出警告。

③学生处、二级学院学管副院长、任课教师、学生会等有关人员对学生的加扣分，应填写加扣分通知单，交到班主任处。

④宿舍考核由学生处将学生的加扣分情况通过学工系统公示。

⑤操行考核以学期为单位结算，最高不超过 100 分。

⑥操行分作为一门成绩参与学生的奖先评优。

（二）学生操行评定考核细则

1. 符合下列情况的加分

（1）日常管理考核

①出勤方面。

a. 全勤（上课、实训），加 1 分/周。

b. 早操、间操全勤，加 1 分/周。

②日常表现。

a. 积极承办黑板报、展板等，加 2～3 分/（学期·人）。

b. 积极向院报投稿并被录用，加 1 分/（次·人）（最高不超过 3 分）。

c. 拾金不昧，加 1～3 分/（次·人）。

d. 凡一个月无扣分现象，加 1 分/月。

e. 好人好事，加 1～3 分/（学期·人）。

f. 卫生打扫认真，加 1～3 分/（学期·人）。

g. 班主任根据学生值周表现，加 1～3 分/人。

h. 见义勇为、突出贡献，加 5～10 分/（学期·人）。

i. 积极参加各种志愿活动，加 1 分/（次·人）（全学期加分不超过 5 分）。

j. 参加社团活动，根据考勤，加 1～4 分/（月·人）。

③获奖。

a. 学生干部工作认真负责，效果良好。

学生会干部	社长、班干、团干	组长、寝室长、课代表
+2～5 分/月	+2～3 分/月	+1～2 分/月

b. 积极参加各类文体活动，表现突出，加 1～5 分/（次·人）。

市级以上	校级	二级学院
+3~5分/次	+2~3分/次	+1~2分/次

c. 积极参加学科竞赛或技能大赛，表现突出，加1~6分/（次·人）（教务处、二级学院提供获奖名单）。

项目	一等奖	二等奖或三等奖
二级学院组织	+2分/次	+1分/次
学校组织	+3分/次	+2分/次
学校以上	+4~6分/次	+2~3分/次

（2）宿舍管理考核

①学期末被评为"先进宿舍"者，加4分/（学期·人）。

②公共值日表现突出者，加2分/人。

③每月被评为"文明宿舍"者，加2分/（月·人）。

2. 符合下列情况的扣分

（1）日常管理考核

①出勤方面。

a. 病假（含早操、间操）扣0.5分/（半天·次），扣分累计三天为限。事假扣1分/（半天·次），扣分累计五天为限。

b. 迟到、早退（以铃响为准）扣2分/次。

c. 旷操、旷课扣3分/（次·节）。

d. 升旗迟到、未到，迟到扣2分/次，未到扣4分/次。

e. 未按时销假扣2分/次。

f. 周五、周六、周日晚检迟到扣3分/次。

②学习方面。

a. 上课违纪、玩手机，扣2分/次。

b. 未按时交作业，扣 1 分 / 次。

c. 非活动时间（如自习课、上课等）学生在教室外走动或打球（技能课、实习期间走出规定范围），扣 2 分 / 次。

③文明行为、仪容仪表方面。

a. 全体学生应主动配合校园文明志愿者的文明检查并主动出示胸卡，未出示胸卡者，除扣除不文明行为分数外，另扣 2 分 / 人。

b. 公共场合穿拖鞋、敞怀光膀、奇装异服（男生耳钉、背心等，女生吊带装、超短裙等），扣 2 分 / 人。

c. 携带食品进入运动场，扣 2 分 / 人。

d. 违反男女生交往"三非规定"（非正常地点、非正常时间、非正常接触），扣 4 分 / 人。

e. 翻越运动场围栏，扣 2 分 / 人。

f. 染发、烫发，男生剃光头，留怪异发型和留长发（发型标准：前不盖眉，侧不过耳，后至颈中），扣 2 分 / 人。

g. 教学楼、宿舍、办公楼喧哗打球打闹等不文明行为，扣 2 分 / 人。

h. 未按要求停放车辆，扣 2 分 / 人。

i. 人际交往中，主动使用礼貌用语（请、您好、谢谢、对不起、没关系），凡出现下列行为，应适当扣分，严重者给予纪律处分。

j. 说脏话、吵架，扣 1 ~ 3 分 / 人。

k. 谩骂、挑拨是非，激化矛盾，扣 3 ~ 5 分 / 人。

l. 欺凌同学，扣 5 ~ 10 分 / 人，后果严重者按照"红线"标准处理。

m. 男、女生互串寝室，扣 5 分 / 人。

④卫生方面。

a. 未按要求打扫卫生，扣 2 分 / 次。

b. 随手乱扔废弃物，扣 2 分 / 次。

c. 往窗外扔废弃物、吐痰、泼水，扣 3 ~ 5 分 / 次，并视情节予以纪律处分。

d. 在校园内乱涂、乱画、随意张贴，除要求清理干净外，扣 2 分 / 次。

⑤纪律方面。

a. 顶撞老师，不服从管理，扣 3 ~ 5 分 / 次，并视情节予以纪律处分。

b. 不接受老师、干部分配的任务，扣 1 ~ 3 分 / 人。

c. 违反集会活动纪律，扣 2 分 / 次。

d. 吸烟、喝酒扣 5 分 /（人·次），并视情节予以纪律处分。

e. 参与打架，扣 5 ~ 8 分，并视情节予以纪律处分，如有伤害情节，由伤害者全额支付被伤害者的医疗费。

f. 起哄闹事，公开违反学院规章制度，扣 5 ~ 10 分 / 人，并视情节予以纪律处分。

g. 敲诈勒索，扣 10 分 / 人，情节严重者交当地公安机关处理。

h. 有赌博和偷盗行为，扣 5 ~ 10 分 / 人，并视情节予以纪律处分，情节严重者交当地公安机关处理。

i. 考试作弊，扣 10 分 / 次。

j. 私自将非在校人员带入校内，扣 2 ~ 5 分 / 次，并视情节予以纪律处分。

⑥其他方面。

a. 未戴胸卡扣 1 分 / 次，转借胸卡扣 3 分 / 次。

b. 私接电源，私用电器者，扣 5 ~ 10 分 / 次，并视情节予以纪律处分。

c. 校园内燃放烟花爆竹或玩火，扣 3 ~ 5 分 / 次，根据情节依法处理。

d. 不如实反映情况，弄虚作假，扣 5 分 / 次。

e. 学生干部不负责，扣 2 ~ 5 分 / 人；失职或造成严重后果者，扣 5 ~ 10 分并取消资格。

f. 破坏公物者视情节，负责赔偿损失，扣 2 ~ 10 分 / 次。

g. 私自挪用、损坏消防设施；扣 10 分 / 次，照价赔偿，并予以纪律处分。

h. 学校各类运动会项目报名参赛，无故弃权，扣 3 分 / 次。

（2）宿舍管理考核

①出勤方面。

a. 不准时出操、下楼，扣 2 分 / 次。

b. 夜不归宿，通报家长，扣 5 分 / 次，给予相应处分。

c.冒名顶替、弄虚作假者，扣5分/次，给予相应处分。

②卫生方面。

a.值日生按时打扫卫生，打扫较差或者不打扫者要按要求重新打扫，并扣5分/（人·次）。

b.公共值日人员，在公共值日时大声喧哗，扣2分/（人·次）。

c.未按要求参加公共值日，扣2分/（人·次）。

③行为规范。

a.乱倒污水，往窗外扔东西和泼水，扣5分/次。

b.在楼内大声喧哗、打闹、打球、起哄等，扣2分/次。

c.不按时熄灯、熄灯后说话、熄灯30分钟后在宿舍外走动，扣2分/次。

d.在宿舍使用明火，如蜡烛等，扣5分/次。

e.个人内务整理较差，扣2分/人。

f.私自调换宿舍，扣5分/（人·次），并视情节予以纪律处分。

g.私自留宿外人，扣5分/人，情节严重者，给予纪律处分。

（三）学生奖先评优办法

1.要求

①所有注册学籍的在校就读学生均有资格参评，充分体现人人平等原则。

②每学期末评选一次。

③各二级学院、班级严格按照评比条件进行评选。

a.三好学生、优秀校学生会干部、优秀院学生会干部：奖学金由学生处审核及表彰。

b.优秀班干部、班级之星：由各二级学院审核及表彰。

2.奖项

①三好学生评选名额：不大于班级人数的15%。

②奖学金评选比例：5%。

③优秀院学生会干部评选比例：30%。

④优秀班干部每班 1 名，人数超过 55 人的班级，优秀班干部可评 2 人。

⑤班级之星评选名额：不大于班级人数 15%（不得重复参选）。

3. 评奖条件

（1）具有下列情况之一者取消评奖资格

①不尊敬老师，不服从管理。

②有吸烟、喝酒、偷盗、敲诈、破坏公共财物、打架斗殴等严重违纪现象。

③有旷课、夜不归宿、考试作弊等现象。

④各种违纪累计大于（包含）4 次。

⑤有处分者。

⑥第二学期本年度体质测试成绩不合格者。

（2）学习成绩及考勤要求

总评成绩、单科成绩和操行分应同时满足要求。分学校、二级学院两级荣誉。

学习成绩及考勤要求

内容	等级	奖学金	三好学生	优秀学生干部（各级）	班级之星（二级学院）
成绩	总评	≥90 分	≥85 分	≥80 分	≥75 分
	单科	≥85 分	≥80 分	≥70 分	≥60 分
	操行分	≥90 分	≥85 分	≥90 分	≥80 分
	劳动实践课	≥90 分	≥85 分	≥90 分	≥80 分
病假（累计）		≤10 天			
事假（累计）		≤5 天			
迟到		<4 次			

（四）学生违纪处分条例

为进一步加强校风、学风和班风建设，维护正常的教学、生活秩序，培养合格的技术人才，特制订本条例。

<u>第一条</u>　学生违反校规校纪，根据情节轻重，给予下列处分：警告、严重警告、记过、记大过、留校察看、责令退学、开除学籍。

第二条　凡是受处分的学生，须填写《学生处分登记表》，并及时与家长联系，处分结果在全校范围内公布。

第三条　受处分的学生，经教育不改者或处分期间又犯错误者，可上升高一级处分，直至开除学籍。

第四条　全学期，旷课累计达到10节，迟到累计达到20节给予警告处分，旷课和迟到累计数每增10节（次）处分升一级（每天按6节计算）。

第五条　旷课连续一周或累计60节以上者，给予责令退学或开除学籍处分。

第六条　对偷窃或巧立名目诈骗集体或个人财物者，除偿还外，视作案价值给予警告直至开除学籍处分。

第七条　对故意损坏公私财物者，除加倍赔偿损失和按规定处以罚款外，按损坏程度给予警告直至开除学籍处分。

第八条　对打架、斗殴、寻衅滋事者，除按规定支付受害人医疗费以外，视情节给予严重警告直至开除学籍处分。

1. 打群架。

（1）打群架的界定。

凡因两个同学之间的矛盾一方或双方联络老乡、同学、熟人打架的；凡因两个同学之间发生冲突（打架），一方或双方在场的同寝室、同班同学等不仅没有劝阻、调解，反而呐喊助威、拉偏架或直接参与的，属于打群架。

（2）打群架的处理。

①主要责任人（组织联络的学生、主要打架的学生），视情节给予记大过直至责令退学的处理。

②凡请校外人员参与者，视情节给予开除学籍留校察看或责令退学的处理。

③凡参与者［以第（1）条界定为准］均要从严处理。

2. 作伪证。

故意提供伪证妨碍调查处理正常进行，给予严重警告或记过处分。怂恿者、打架者违反此款加重处理。

3. 故意为他人提供器械，未造成伤害者，给予记过或记大过处分；造成伤害者，给予留校察看、责令退学或开除学籍处分。

4. 以玩耍为借口，殴打他人者，以打架论处。

5. 对侮辱、殴打学生的干部加重处理。

第九条 凡夜不归宿、翻墙外出、违反规定进入网吧和喝酒者，视情节给予严重警告及以上处分，造成严重后果者责令退学。

第十条 对考试作弊者，视情节扣除该科目的卷面成绩，另给予通报批评；连续作弊者，给予警告或严重警告处分。

第十一条 对违犯国家法律、法规者，除移交公安部门处理外，视情节给予记大过以上处分，直至开除学籍。

第十二条 违纪行为触犯学院管理红线、底线者给予严肃处理，具体见"安全篇"。

第十三条 校园内明确要求严禁吸烟，凡吸烟者按以下办法处理。

1. 第一次吸烟被查处，登记班级和姓名做好记录并上报学生所属二级学院，当场打扫吸烟被抓场所的卫生一次，并给予警告纪律处分或原有处分升一级处理。

2. 第二次吸烟被查处，登记班级和姓名做好记录并上报学生所属二级学院，当场打扫吸烟被抓场所的卫生一次，参加控烟教育或军训教育3个课时以上，当月正向积分归零，并给予原有纪律处分升两级处理。

3. 第三次吸烟被查处，登记班级和姓名做好记录并上报学生所属二级学院，打扫吸烟被抓对应区域的卫生，抄写控烟、禁烟或抽烟有害健康的相关知识不少于1万字，参加控烟教育或军训教育5个课时以上，当月正向积分归零并给予原有纪律处分升两级处理，达到开除的开除。

第十四条 有下列情况之一的，给予严重警告以上，直至开除处分。情节严重的，依法移交公安机关处理。

1. 通过各种途径发表、传播诋毁国家政权、影响社会稳定、有损国家利益、学校利益和他人正当利益的言论、文章，以及散布各种谣言的利用各种手段对他人、组织进行诽谤、污蔑的。

2. 通过各种途径散布夸大其词，混淆视听的言论，破坏社会、校园安定秩序的。

3. 传播淫秽、暴力等内容的文章、字句、图像的。

4. 用侮辱性的语言、文字对他人进行谩骂或人身攻击的。

（五）处分降级和撤销积分管理办法

为进一步加强违纪学生的教育管理，切实做到处分只是教育学生的方法之一而非最终目的。根据焦点解决模式的原则，通过正向关注，聚焦改变，使"小改变"引发"大改变"。特对学生处分降级、撤销制定以下积分管理办法。

（一）处分降撤时间：每月10日之前。

（二）处分降撤责任分工。

班主任是第一责任人，保卫处是责任部门，基础教学部是培训部门。

（三）处分降撤办法：积分制。

1. 填表：受处分学生以处分在系统上登记之日的下一周为起点进行正向积分，积分起点为"0"分，填写《正向积分反馈表》（附件一）。

2. 积分：每周一有处分同学完成上周正向积分标准的内容后，填写《正向积分反馈表》由班主任或二级学院、职能处室确认无误后签字认可。

3. 累计：一个月内积分在40~99分之间，可累计到下个月。

4. 清零：累计积分期间，符合以下条件之一的积分清零。

（1）积分在100分以上未提报《处分撤销、降级申请表》（附件二）的。（2）受到纪律处分者。（3）宿舍被评为"最差宿舍"。

5. 降撤条件：同时具备以下三个条件。

（1）一个月内无处分。

（2）积分累计100分降一级处分。

（3）处分撤销的条件是受处分期间，参加基础部组织的培训且考核合格。

6. 降撤申请：符合降撤条件的受处分学生可向班主任领取《处分撤销、降级申请表》，并按要求填写，按权限逐级签字完毕后交班级安全委员保管、汇总，由安全委员（安全委员职责见附件三）每月月底统一交到保卫处。

7. 降撤销文件：保卫处审核后，每月10号前发放处分降级、撤销文件。

8. 处分撤销：处分全部撤销后，保卫处负责在系统上对学生的处分记录撤除，不予以显示，若毕业前处分没有撤销的，处分记录存入学生毕业档案中。

附件一　正向积分反表

姓名		班级		班主任		起止时间						
正向积分加分标准（以下加分的前提条件是仪容仪表符合要求，每周按七天计）						第一周得分	证明人	第二周得分	证明人	第三周得分	证明人	第四周得分	证明人
内容				分值									
全勤者含宿舍，周六晚请假除外				1分/天									
两操按时出勤，表现良好				5分/周									
无扣分现象				5分/周									
荣获文明宿舍				10分/月									
较好完成值周任务者				5分/周									
积极参加各类组织活动				2～5分/次									
班主任根据该生表现适当加分				2～5分/周									
参加社团并表现良好				3分/周									
周分数合计						分		分		分		分	
班主任签字													
本月得分						最终月得分				班主任签字			
上月得分累计			分										

附件二 处分撤销、降级申请表

_____学院   申请时间：_____

姓名		性别		班级	
处分时间		处分等级		处分原因	
操行分		仪容仪表		最差宿舍	是　　否
参加基础班培训结果		正向积分		分	
申请书：					
班主任意见	1.原有处分，降至_____。 2.原有处分，建议撤销。 　　　　　　　　　　签字：　　　　时间：				
二级学院意见	 　　　　　　　　　　章　　　　时间：				
学校意见	 　　　　　　　　　　章　　　　时间：				

（六）跟岗实习期间处分降级和撤销积分管理办法

①跟岗实习期间处分降级和撤销以实习时长为周期。

②跟岗实习期间有处分的学生的《正向积分反馈表》（跟岗实习）由实习指导教师负责管理、检查、并签字为准，确认其真实性有效性。

③正向积分起点为"0"，一个实习期内积分累计不封顶，实习返校后每100分降一级处分，当积分达到可以直接撤销处分的，需要返校后参加基础部组织的相关撤销处分培训，且考核合格后处分才能一次撤销完毕。

④跟岗实训期间，因学生无故返校者或实习期间再次违纪受处分者，本积分清零，重新开始积分。

⑤实习结束返校后，符合降撤条件的受处分学生可向班主任领取《处分撤销、降级申请表》，并按要求填写，先有跟岗实习带队管理老师确认签字，然后再按照表格上的要求逐级签字完毕后交至班级安全委员，由本班安全委员统一交到保卫处，进行降撤销处分核查批复。

正向积分反馈表（跟岗实习）

姓名		班级		班主任		起止时间	

正向积分加分标准（以下加分的前提条件是仪器仪表符合要求，每周按七天计）

内容	分值	第一周得分	跟岗管理老师	第二周得分	跟岗管理老师	第三周得分	跟岗管理老师	第四周得分	跟岗管理老师
实习全勤者（含宿舍），休息除外	1分/天								
完整填写实习手册	3分/周								
实习期间无违纪现象	5分/周								
宿舍卫生打扫良好	3分/周								
受到企业表扬或奖励者	5分/周								
积极参加企业、学校组织的各类活动	2~5分/次								
实习指导教师根据该生表现适当加分	2分/周								
周分数合计		分		分		分		分	
实习成绩得分优秀者	15分								
实习成绩得分良好者	10分								
实习成绩得分合格者	5分								
实习成绩得分不合格者	0分								
		实习指导教师签字							

上月得分累计	本月得分	最终月得分	实习指导教师签字
分	分	分	

（七）早操、课间操评分细则

1. 早操、课间操检查评比流程图

早操、课间操检查评比流程详见下图。

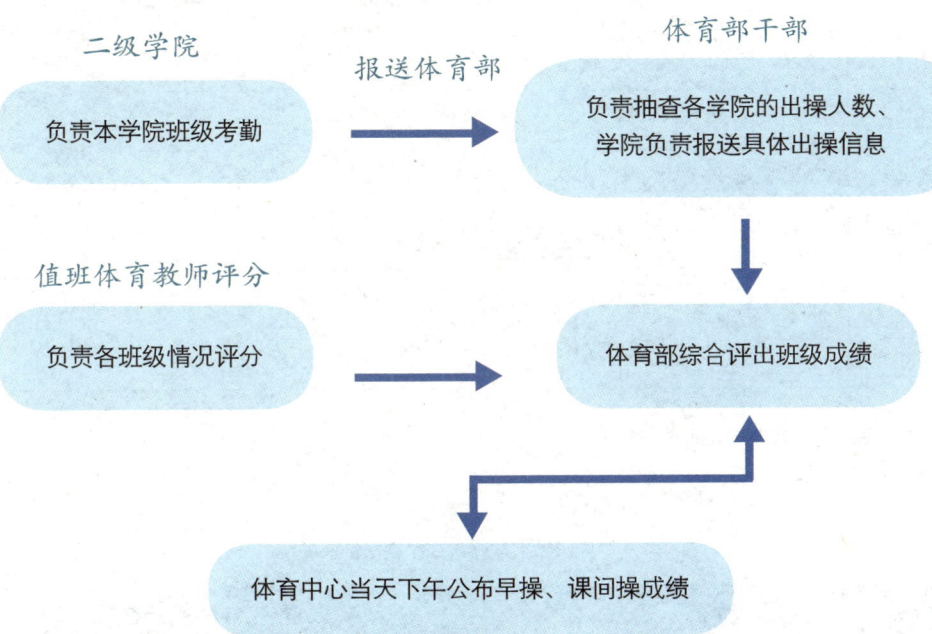

■早操、课间操检查评比流程图

2. 早操评分细则

早操评分细则详见下表的考核标准。

早操考核评分标准

项目	内容	分值
服装	统一服装（以班级为单位，含马甲）	10
整齐度	步调一致性、与音乐节奏一致性	20
整齐度	跑操速度（以班级为单位）一致、班级前后间距	10
队列	队伍排面整齐	20
队列	按学院要求列队	10
精神面貌	口号响亮且正确	10

续表

项目	内容	分值
纪律	说话、打闹	10
	戴帽子、口罩、耳机	5
	无故脱离班级队伍	5
迟到	在早操成绩基础上扣分（上限10分）	-2/人次
下操	在早操成绩基础上扣分（上限10分，特殊原因除外）	-3/人次
旷操	在早操成绩基础上扣分（上限20分）	-4/人次
备注	体育部抽查二级学院的出操情况，被抽查的学院于上午二节课之前将本学院出操情况报给体育中心。	

3. 课间操评分细则

课间操评分细则详见下表的考核标准。

课间操考核评分标准

项目	内容	分值
服装	统一服装（以班级为单位，含马甲）	10
整齐度	动作整齐到位	40
队列	纵队前后对齐、排面整齐	10
精神面貌	态度消极、原地不动	25
纪律	戴帽子、口罩、耳机	5
	说话、打闹	5
	集合迅速（9:50前集合到位）	5
迟到	在课间操成绩基础上扣分（上限10分）	-2/人次
下操	在课间操成绩基础上扣分（上限10分，特殊原因除外）	-3/人次
旷操	在课间操成绩基础上扣分（上限20分）	-4/人次

续表

项目	内容	分值
备注	体育部抽查二级学院的出操情况；被抽查学院将课间操出操情况，于当天上午11点之前送到体育中心，以备及时核准班级人数。	

（八）班级工作量化考核办法

班级工作是学校工作的重要组成部分，班主任是班级的灵魂，是班级工作的组织者、领导者，为充分调动班主任的工作积极性，准确评价班主任的工作，树立良好的班风和校风，特制定班级工作量化考核办法。

第一条 班级工作量化考核办法根据学生管理的重点和实际工作需要，实行动态管理机制，根据不同时期的实际需要调整班级量化考核相关内容。

第二条 班级工作量化考核由学生处、二级学院两级负责，班主任接受学生处、所属二级学院的检查、管理、指导，学生处以月为单位统一公布学院班级量化考核和二级学院班级量化考核的分数。

第三条 学校班级工作量化考核包括班主任量化考核和班级量化考核两部分，班主任量化考核分占30分，班级量化考核分占70分，满分100分，以月为单位实行累计。

第四条 二级学院班级量化考核结合本二级学院特点，可根据学校班级工作量化考核颁发自行进行调整，并公布于本二级学院。

1. 班主任量化考核内容（占30%）

从班主任工作规范、考勤工作到位、班务工作认真几个方面考核。

（1）工作规范占11分

①班主任例会不得迟到、早退。

②每周主持一次班会（19:00—20:30）。

（2）考勤方面占12分

①班主任每月检查宿舍不少于四次。

②班主任每周检查间操不少于两次。

（3）工作认真占7分

①按时、按要求完成工作任务。

②突发事件及时到位。

2. 班级量化考核内容（占70%）

班级量化考核的各项分数由学生处、保卫处、团委、体育中心、教务处，每月底按时提供。

（1）早操、课间操考核占16分

其中早操、课间操分数占10分，班主任课间操考勤4分，两操优秀奖2分。

（2）宿舍考核占20分

宿舍考核含日常考核、最差宿舍、宿舍公值、宿舍重大违纪。

（3）文明行为占6分

主要指校园文明督导等。

（4）卫生检查占7分

卫生检查包括教室6S、劳动实践课。

（5）纪律督察占6分

纪律督查包括升旗仪式、周末晚检。

（6）违纪处分占5分

违纪处分包含学校内的各级处分。

（7）考勤月评占5分

考勤月评根据月度班级量化综合情况而定。

（8）教务处考核占5分

①晚自习考核。

②课堂出勤和纪律考核。

③教室日志填报率。

④教务组织的学生各种活动。活动、荣誉加分项上限为3分（学校级及以上的个人和集体荣誉），不参加学校组织活动的班级，扣2分/次。

3. 学校班级考核学期总分计算办法

班级考核学期总评=（班级量化考核+流失率+公物分+团考核分+团考核

分+学生测评分+任课老师测评分）× 难度系数

（1）班级工作量化考核分（满分70分）

班级工作量化考核分 =（班主任量化考核分 ×30%+ 班级量化考核分 ×70%）×70%

（2）流失率（满分5分）

①每学期考核一次：入学教育结束开始计算。

②流失率计算。

第一至三学期：流失率得分 =（1– 实际流失率 / 规定流失率）× 5。第四学期：流失率得分 =0（实际流失率＞规定流失率）；流失率得分 =5（实际流失率≤规定流失率）。

③实际流失率。

第一学期的流失率 =（学期初注册人数 – 学期末注册人数）/ 学期初注册人数 ×100%

其他学期流失率 =（上学期末注册人数 – 本学期末注册人数）/ 上学期末注册人数 ×100%

④规定流失率。

学生在校第一学期，规定学生流失率为6%。学生在校第二学期，规定学生流失率为4%。学生在校第三学期，规定学生流失率为2%。

学生在校第四至六学期，规定学生流失率为0。

（3）公物分（满分5分）

每学期考核一次，由总务处负责提供。

（4）团支部量化考核分（满分10分）

每学期考核一次，由校团委负责提供。

（5）学生测评分（满分5分）

由学生处负责提供。

（6）任课教师测评分（满分5分）

任课老师对学生的测评分数。

（7）难度系数

班级人数为40人：难度系数是1。

班级人数 36~39 人：难度系数为 0.99。

班级人数为 30~35 人：难度系数为 0.98。

班级人数为 26~29 人：难度系数为 0.97。

班级人数为 20~25 人：难度系数为 0.96。

班级人数小于 20 人：难度系数是 0.95。

班级人数 40 人以上：每增加 10 人以内难度系数增加 0.01。

4. 先进班集体评奖办法

（1）评奖比例

①二级学院根据班级学期总分按 25% 的比例评选，双班班主任在同等条件下优先考虑。

②根据督导处学期末考核结果，考核在前三名的二级学院增加 5% 的评选比例。

③在市级以上班主任业务能力大赛中取得名次的，同等条件下一年内优先考虑一次。

④参加暑期社会实践的班级报名人数 >60%，流失率 <10%，同等条件下，优先考虑一次。

⑤班级在校时间 >1/2，班级人数 >1/2，可以参评先进班集体。

（2）评奖资格

具有下列情况之一者取消先进班集体评奖资格。

①不在二级学院考核和学校考核中前 50%。

②荣获文明班级的次数：二年级及以上年级班级未获得文明班级（暑期社会实践荣获先进班级的，视为荣获一次文明班级）。

③有同学由于打架或敲诈等恶性事件，受到记大过及以上的处分。

④受处分率 ≥ 10%，或受处分率 ≥ 15%（初中起点班级入校第一学期）。受处分率 = 班级受处分人数 / 班级人数。

⑤未按要求参加学校组织的活动。

⑥早操、间操集体旷操的。

⑦出勤率 <90%/ 月。

⑧劳动实践课<85分。

⑨班级考核学期总分<80分，其中高中组<85分。

⑩班主任有违师德现象的。

⑪荣获两操优秀奖次数：未获得2次以上两操优秀奖的。

（3）评选项目及奖励办法

①荣获先进班集体，全校通报表扬，颁发奖状，奖励班费200元。

②荣获先进班集体的班主任即为先进班主任，年终学校统一奖励。

③原始评分（不乘班级系数分数）均在学校及学院前25%的、系数小于1的班级，可参评优秀班集体。

5. 其他班级奖项

①"最美劳动者"班级奖，学期参加劳动实践课班级的评选。

②"满堂彩"班级奖，学期蝶变讲堂参与的评选。

③"书香"班级奖，学期读书活动参与的评选。

④"平安"班级奖的评选。

6. 相关申请表

文明班级申请表

班级		二级学院		班主任	
		文明班级标准			评价 (是/否)
1	严格遵守学院各项规章制度，尊敬老师、团结同学、学习努力				
2	无夜不归宿、翻墙外出、打架、喝酒、恃强凌弱、吸烟、私藏管制器械、偷盗等				
3	无故意破坏公物、私接电源、私用大功率电器、旷课等现象				
4	教室检查	学校审核	6S抽查≥90分		
		二级学院审核	按照6S标准规范教室摆放、爱惜公物、保持卫生		

续表

班级		二级学院		班主任	
文明班级标准					评价(是/否)
5	宿舍检查	学校审核	无最差宿舍		
		二级学院审核	无最差宿舍		
6			无考试作弊		
7			劳动实践周分数≥85分		
8	举止文明衣着得体	学校审核	校学生会抽查≤5%班级人数		
		二级学院审核	违者人次≤20%班级人数		
(1)	服装要求：公共场合不允许：穿拖鞋、背心、吊带装、光膀子				
(2)	仪容仪表：不允许染发烫发、男生留怪异发型、剃光头、留长发、带耳钉				
(3)	行为要求：尊重老师，上下楼梯右行，不允许乱扔废弃物，男女交往忌亲密				
(4)	语言要求：主动问好，不允许说脏话，公共场合不大声喧哗				
(5)	就餐要求：节约粮食，主动排队，就餐后将餐盘放在回收处				
二级学院意见					
教务处意见					
学校意见					
备注	月底符合条件的班级将申报表交到二级学院，审核后交学生处				

书香班级申请表

填表时间： 年 月 日

班级		班主任		二级学院		审核结果	
书香班级标准							
图书馆审核		阅读委员按时参加读书社团活动						
		图书馆借阅量每月书籍10~15本、杂志10~15本						
		开展"读书分享会"等相关活动（提供相关读书分享课件或材料）（上传附件）						
		积极宣传本班级的书香班级创建（提供每月读书活动宣传新闻网址链接）（上传附件）						
团委审核		积极参加广播站"化院朗读者"栏目						
		每周按时组织特色晨读活动						
审核结果备案								
备注		书香班级评选为一学期一次，每学期结束后的一周申报结束。						

为全面落实河南化工技师学院"做事先做人，做人德为先"的办学理念，引领广大学生培养读书的良好习惯，进一步深化河南化院书香校园建设，规范书香班级评选条件，河南化工技师学院特制定书香班级评比方案。

<h3 style="text-align:center">河南化工技师学院书香班级评比方案</h3>

一、院级评比标准

凡符合以下条件的班级，均可申请二级学院级书香班级。

1. 班级阅读委员按时参加读书社团活动。

2. 图书馆借阅量每月书籍10~15本、杂志10~15本。

3. 每月开展"读书分享会"等相关活动，期末提供相关读书分享课件或图片、视频资料。

1）一年级学生读书分享主要以分享书籍中的美文或名言警句为主。

2）二年级学生读书分享主要以介绍书籍梗概、历史背景、作者身世和自己对本书的理解或启发为主。

3）三年级及以上学生读书分享主要以创新阅读为主，如将书中故事或情节改编成情景剧形式进行演绎。

4）高中起点在校2年班级，第一年可将初中起点前两年的要求进行融合，第二年按照三年级的标准进行读书分享活动。

4. 积极宣传本班级的书香班级创建工作，期末提供每月读书活动宣传新闻网址链接。

5. 积极参加广播站"化院朗读者"栏目。

1）一年级学生每月在广播站朗读3次。

2）二年级学生每月在广播站朗读1次。

3）三年级及以上学生不用参与广播站朗读，可将朗读分享制作成视频或音频形式插入到每月的宣传美篇里。

6. 每周按时组织特色晨读活动，团委在每周四对特色早读进行检查。

二、学校级评比标准

1. 校级书香班级须在院级书香班级中产生。

2. 各二级学院团总支学期末开展院级读书分享活动，并进行学院评比，按照不高于院级书香班级25%的比例，推荐出校级书香班级名单。

3. 团委通过组织读书分享会或者抽查的方式对推荐班级进行审核。

（九）劳动实践周管理制度

为了深入贯彻十九大提出的大力弘扬"劳模精神"和"工匠精神"，营造劳动光荣的社会风尚和精益求精的敬业风气，践行我校"劳动创造美好生活"的价值观，进一步加强学生爱岗敬业的职业道德教育，培养学生的劳动观念和服务奉献意识，提升班级和个人的执行力。

自 2008 年开始，学校推行劳动实践周制度（简称"值周"）。实施劳动实践周的班级全日制上岗，在实施过程中重点抓好"礼、洁、督"三项工作，以"礼"为文明基础，以"洁"为卫生要求，以"督"为抓手，增强学生自治自理的能力，提高管理水平，以主人翁的姿态参与学校管理，从而培养合格的职业劳动者，争创全国文明校园。劳动实践周是对学生的思想品德、文明礼貌、行为规范、组织纪律、服务意识、劳动观念的一次全面检查和考核，是班集体及学生形象在全校的展示，是学生职业道德行为养成的重要途径。通过劳动实践周，从而达到劳动育人的目的。

2020 年 3 月 26 日，中共中央、国务院印发《关于全面加强新时代大中小学劳动教育的意见》（以下简称《意见》）。《意见》对加强新时代劳动教育进行了整体设计。一是阐明基本内涵，强调当前劳动教育重点是在系统的文化知识学习之外，让学生动手实践，出力流汗，在劳动实践中进行教育。二是明确总体目标，面向全体学生，从思想认识、情感态度、能力习惯三个方面提出要求，强调要体认劳动不分贵贱，培养勤俭、奋斗、创新、奉献的劳动精神。三是健全劳动教育课程，设立劳动教育必修课和劳动周，保证必要的劳动实践时间，同时强调其他课程要有机融入劳动教育内容和要求。四是规定劳动教育基本内容，要求开展日常生活劳动、生产劳动和服务性劳动。同时分学段提出教育内容要点，大中小学各学段各有侧重。五是强化劳动教育评价，把学生劳动素养作为衡量学生全面发展的基本内容，注重评价结果在评优、升学就业中的使用。六是强调实施途径多样化，家庭要发挥基础作用，注重日常养成；学校要发挥主导作用，注重系统培育；社会各方面要发挥协同作用，支持学生走出教室，动起来、干起来。

通过劳动实践周教育，使我校学生牢固树立劳动最光荣、劳动最崇高、劳动最伟大、劳动最美丽的观念，体会劳动创造美好生活，体认劳动不分贵贱，热爱劳动，尊重普通劳动者，反对一切不劳而获、贪图享乐、崇尚暴富的错误观念，让学生动手实践，接受锻炼、磨炼意志，培养学生正确的劳动价值观和良好的劳动品质。

①值周要求：把岗位职责落实到人，定岗、定人、定职责、定规范、定时间，全班学生在一周的时间内，由班主任带领和组织进行体验式劳动和接受教育。

■劳动实践周岗前培训

②按照值周细则以及岗前培训要求的时间节点和劳动标准，来认真打扫校园卫生（室内和室外），并进行全天维护。值周班级的班主任和学生要全体停课来参与值周；必须做到按时上、下岗，尽职尽责，认真巡视，发现问题立即整改。

■值周宣誓　　　　　　　　　　　■每日例会

③积极维护整洁美丽的校园环境和卫生秩序，发现不文明、违纪现象及时文明提醒和制止；及时关闭走廊、楼道、厕所、水房的灯，发现滴冒跑漏现象及时向班主任汇报，并向后勤报修。

■卫生巡视

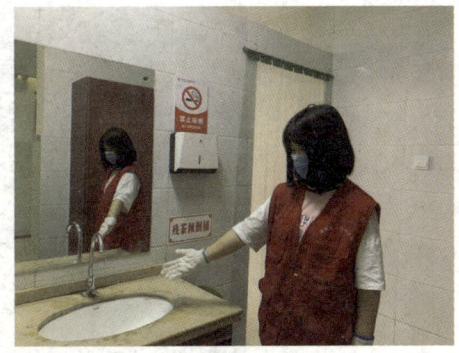
■设施排查

④劳动工具在使用和摆放时要合理、规范、整齐，值周服装穿着整洁、统一；见到老师们或者外来人员，要主动问好、热情有礼貌，并向老师们提供力所能及的帮助。

■分发劳动工具

■穿戴劳保物品值日

⑤按时完成学校交办的各项临时性任务。

⑥值周开始前，班主任应认真学习相关材料并提前做好准备；值周过程中，班主任、协调员、组长之间要加强沟通，多巡视并及时解决出现的问题，注意多收集相关照片；值周结束后，按时做好宣传展板和"劳动实践周公众号"，并利用周末班会时间进行讨论和总结。

⑦值周班级学生的日常管理由班主任负责，学生处进行指导、帮助和监督；主管领导、学生处、校学生会卫生部负责检查、监督和考核，值周班级的考核分数，由学生处具体负责，采用学生会日常检查和领导、职能处室打分相结合的方法得出。

■ 校学生会检查

⑧在学期末根据本学期参与值周各班级的考核分数,评出"最美劳动者班级";各二级学院值周平均分上报督导处,纳入考核。

⑨《劳动实践周6S检查表》与《劳动实践周个人评分表》

劳动实践周6S检查表

区域	编号	检查内容	分值	扣分
室内	1	室内地面无垃圾、烟头	4	
	2	墙壁及宣传牌无蜘蛛网	2	
	3	地面及楼梯干净无积水	5	
	4	垃圾桶、果皮箱可以有少量垃圾	4	
	5	室内地面无污渍、黑胶、灰尘	2	
	6	水房内无垃圾、明显浮土	2	
	7	室内消防栓无污迹、灰尘	2	
	8	室内宣传牌无污迹、灰尘	2	
	9	室内灭火器无污迹、灰尘	2	
	10	楼梯扶手、栏杆无污迹、灰尘	2	
	11	电梯间内及周边无污迹、灰尘	2	
	12	饮水机、洗手池无垃圾	2	
	13	信息楼值周房间卫生整洁	4	
	14	果皮箱、垃圾箱位置按要求摆放	2	
	15	不要任意移动室内装饰物	2	

续表

区域	编号	检查内容	分值	扣分
室外	1	地面无垃圾	4	
	2	地面无黑胶污渍	1	
	3	地面无树叶	2	
	4	地面无烟头	4	
	5	地面无明显浮土	2	
	6	校门口大桥及生肖里面无垃圾	2	
	7	共享单车摆放整齐	1	
	8	垃圾桶、果皮箱及时清理	4	
	9	垃圾箱擦拭干净	1	
	10	垃圾箱门无敞开	1	
	11	果皮箱位置按要求摆放	1	
	12	室外宣传牌无污渍、灰尘	2	
	13	跑道上无垃圾	2	
	14	跑道上无树叶	2	
	15	跑道上无口香糖	2	
	16	看台上无垃圾无树叶	1	
	17	看台上无浮土	1	
	18	尚德广场红色方砖无明显尘土	1	
	19	信息楼两侧汽车过道无明显尘土	1	
	20	绿化带及树林里面无明显树叶堆积	6	
岗位要求	1	女生头发应束起	1	
	2	男女耳朵上无耳钉	1	
	3	上岗时需要使用礼貌用语	1	
	4	按时到岗，无脱岗、无缺勤	1	
	5	无嬉闹、玩手机游戏、打牌等现象	1	
	6	工具摆放到位	1	
	7	工具无损坏、丢失	3	
	8	值周时穿戴值周马甲	1	
	9	值周马甲无破损、污渍	3	
	10	食堂南侧橱窗展板展示	3	
	11	垃圾车使用完摆放到位	1	
	12	值周交接前进行值周宣誓	1	
	13	8点以后禁止出入校门	2	

注：检查时间如下。早上，7:40；中午，9:55；晚上，17:00；周三下午，16:00；周一正常升旗；早间操停上。

劳动实践周个人评分表

序号	项目	标准	分值（100分）
1	出勤	按照要求时间节点正常出勤、配合检查	20
2	服装	按照要求统一值周服装、手套、口罩	20
3	工作岗位	按照要求的时间节点打扫卫生，全天维护校园卫生	30
4	巡检维护	维护校园卫生，发现违纪、破坏公物现象及时通知班主任	10
5	文明礼仪	见到老师或外来人员主动问好，完成学校交给的临时性工作	20

注：1. 本表中的分数占个人分数的50%。
2. 评分标准：班级分数×50%＋个人分数×50%＝劳动实践周个人得分。

（十）学校学生干部（学生会、团委）管理办法

1. 学生干部组织架构图

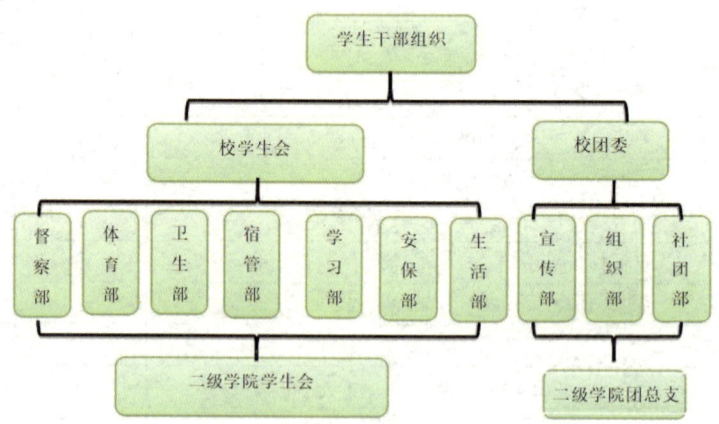

■学生干部组织架构图

2. 学生干部管理制度（试行）

①遵守学校各项规章制度，应严格要求自己，受到纪律处分者将予辞退。

②工作、例会时，不得无故缺席、迟到、早退，有事（含工作冲突）应提前请假。

③组织活动时，服从安排，积极响应，提前到位。

④加强沟通，发现问题应及时反馈、处理。

⑤各部门制定考核细则，考核结果将作为评奖依据。

⑥学生干部如在一定时期内工作热情、业绩良好，在本人自愿的情况下，可由所在部门提出申请，并由本人填写申请表，部门整理其资料后上报主管部门，批准后可进行职位变动。

⑦学生干部如在一定时期内工作消极懈怠，或屡次违反学生会制度，或者违反校规校纪，主管部门可罢免其学生干部职务。

⑧学生干部要注重自身素质培养，积极参加学校组织的培训活动。

3."学生干部工作证"使用管理办法

为了规范"学生干部工作证"的使用，特制定本办法。

①"学生干部工作证"填写要求：贴本人一寸照片，"二级学院""部门""姓名""编号"要认真详细填写。"二级学院"一栏填写本人所在二级学院名称，部门填写本人所在的工作部门，姓名填写本人学籍上的名字，编号由本人所在主管部门统一编号。

②"学生干部工作证"佩戴方法：吊带挂在脖颈上面，卡片悬在胸前，不允许手持、装在兜里或者佩戴在其他地方。

③学生干部工作时必须佩戴"学生干部工作证"，一次不佩戴扣个人操行分5分并提出警告。

④学生干部要保管好"学生干部工作证"，首次配发工作证不收取任何费用，丢失或损坏的补办要交工本费10元；学生干部正常毕业的，工作证留给本人；学生干部退出学生会的，要将工作证交还给发放部门。

⑤"学生干部工作证"仅用作工作时的身份证明，二级学院或主管部门盖章有效，不能代替胸卡使用。

五、教学管理

1.入学与注册

①凡取得初中及以上文凭的应往届毕业生，持国家认可的学历证书或同等学

■欢迎新生

历证明，可免试注册入学。

②学校按照国家招生规定录取的学生，须持录取通知书和有关证件，按规定日期到学校办理入学手续，因故不能如期报到者，须凭有关证明，向学校申请延期报到，无正当理由逾期不报到者，取消入学资格。

③新生入学登记注册后，招生就业处按学校隶属关系，报河南省人力资源和社会劳动保障厅备案。每年办理新生入学注册时间为春季、秋季各一次。

④每学期开学时，学生应按规定日期到学校办理注册手续，因故不能如期报到者，必须履行请假手续，否则以旷课论处，未经请假且逾期1周不注册者，按自动退学处理。

2. 成绩考核

①成绩考核包括学业和操行两个方面。学业方面，按照人才培养方案的规定，考核学生的学习成绩（含专业职业技能）；操行方面，对学生的思想品德、组织纪律、社团活动等方面进行考察评定。考核成绩应记入学生本人档案。

②学生学业成绩的考核分为考试和考查两种。考试成绩采用百分制记分评定。

③每学期或每学年考试和考查的课程门数,按学期教学计划的规定执行。考试题目和方法,由学院根据教学大纲和课程标准的要求确定。

④体育与健康课为必修课,不合格者应重修或补考。对不同体质的学生应有不同的要求,因患有某些疾病或有生理缺陷,上体育课确有困难者,经医生证明和教务部门批准,可减少项目或免考。

⑤考核成绩评定,以期末考核与平时考查相结合,过程考核与结果考核相结合,专业课、实训课均进行考核,其办法由各二级学院自定。

⑥学生因故不能参加考试考核,须经二级学院、学生处、教务部门批准。凡擅自缺考或考试舞弊(包括协同舞弊)者,该课程以零分计,应重新补考,并视情节轻重给予批评教育或纪律处分。

⑦凡考核成绩不及格(不合格)或因请假缺考的学生,均应在学校规定的日期内补考。补考合格的,其成绩记为60分。

⑧毕业生就业面试时,须持有由教务处统一印制并盖章的入校以来所有科目的成绩单方可参加面试。

3. 毕业与结业

①具有正式学籍,操行成绩总评分在60分以上(含60分),学完教学计划规定的全部课程,成绩考核合格或达到规定学分的学生,准予毕业。

②学生在规定学制年限内难以达到毕业要求(仍有不及格课程或未达到规定学分、操行评定不合格的),由学校发给结业证书。考核合格后方能换发毕业证书。

③我校毕业证书由河南省人力资源和社会保障厅制定格式、统一印制、验印,学校颁发。毕业证书验印时间分为每年的秋季、春季两次。秋季毕业安排在每年的七月份,春季毕业安排在每年的元月份。

④学生在顶岗实习前的最后一学期(初中起点班级的第六学期、高中起点班级的第四学期)开学后,由教务处结合招生就业处备案大表拉出当年应毕业学生名单,学生处、教务处核准,最后由班主任签字。同时,所有毕业班由班主任负责按教务处要求收集每位毕业生规范的2寸白底彩照和电子版(粘贴在毕业证上)。

4.毕业生毕业证领取须知

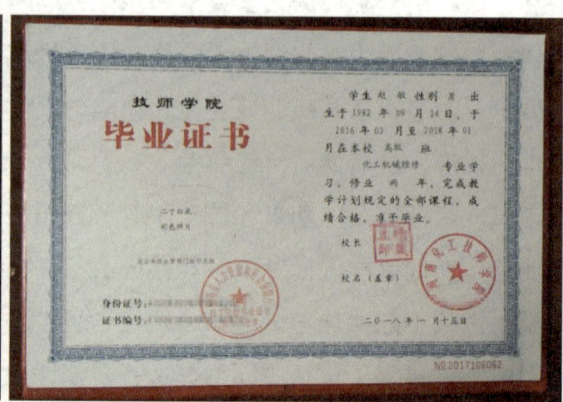

■ 毕业证书

（1）领证须带物品

①领证人需持本人有效身份证。

②领毕业证时请将个人的《顶岗实习手册》交到招生就业处，同时，携带招生就业处开具的领证证明到教务处领取毕业证。

③未交照片的同学领证时请带上一张2寸白底彩照。

④需要代领的，应现场征得被领同学的同意并留下本人的身份证号码和双方的电话号码，由发证老师确认。

⑤学生领取毕业证书后，如有丢失、损坏，将不再给予补办，只能办理学历证明，请各位同学妥善保管自己的毕业证书。

（2）领证时间为

每周二、周四上午8:30—12:00,下午14:00—17:00。（注：具体领证时间请关注学校官网http://www.hnhgjx.cn/）

（3）领证地点

①学校地址：开封市汴西新区东京大道与七大街交叉口，市区乘坐13路、14路、27路、28路、30路、31路、36路、39路、46路公交车到西区公交场站换乘44路到学院下车（也可乘坐16路公交到学院下车）。

②领证地点：教学楼B区213教务处，联系电话0371-22215021。

（4）毕业证查询

我省技工院校2014年7月1日以后的毕业证，可在省人力资源社会保障厅官网"服务查询"栏中查询；2016年8月15日以后入学的学生，毕业后可在全国技工院校毕业证书查询系统中查询（http://rsrc.mohrss.gov.cn/jxxxcx/）。

5. 毕业生档案的领取

按照学校时间安排到招生就业处领取。

6. 图书借阅制度

①入学新生由班级统一组织申请办理借书证。

②借书证限本人使用，每次可借一本图书，借期不超过十天，到期未看完者，需办理续借手续。

③工具书一律不外借，只限在图书馆内查阅。

④读者必须爱护图书，不得污损、撕毁、作批注和把书丢失，如有上述情况按图书原价赔偿。

⑤书刊遗失，尽量购买原版图书赔偿，否则，以书刊价格的2倍赔偿。图书室内将所有罚款与赔偿书款，全部上交财务。

⑥对于违章的读者，在未办妥有关赔偿手续前，暂停其借阅权利。

⑦学生毕业离校时应还清所借图书。

7. 阅览室管理制度

①凡进入阅览室的读者，必须是本校师生，学生应佩戴胸卡。

②阅览室杂志、报纸只限于阅览室阅览。若需借出，需班级图书管理员统一办理登记借阅手续。

■图书馆

③每班每次最多可借杂志15本，两周之内归还，如需续借要办理续借手续。

④读者取书时，阅览架显示窗口不能为空，必须从储书箱中取出同种杂志放入新取图书的位置，阅览后自觉归架。

⑤爱护公物人人有责，读者应爱护阅览室内的一切公共设施。

⑥阅览时不得撕剪、勾画、圈点图书、杂志，违者将受到严肃处理。损坏、丢失图书按原价2倍赔偿。

⑦阅览室是文明的学习场所，读者应自觉保持阅览室的整洁、安静，不得在室内吃东西、乱丢纸屑、大声喧哗，不准抢占座位及随意搬动桌椅，不得在阅览室内拨打或接听手机。

⑧为确保安全，禁止在阅览室内吸烟，严禁携带易燃、易爆物品进入阅览室。

8. 关于上课期间师生手机管理暂行办法

课堂作为培养学生关键能力和综合职业素养的主要阵地，在教育教学过程中起着举足轻重的作用。结合我校目前的课堂现状，为提升课堂教学效果，全面提高我校教育教学管理质量，特就上课期间老师和学生的手机问题做如下规定。

①学校不提倡老师和学生携带手机到课堂。

②学校对学生带到课堂的手机实行集中管理制度。

■手机袋

a. 带手机入课堂的同学，在上课前10分钟自觉按指定位置将自己的手机放入手机袋中，各班由班主任指定专人负责收缴，任课教师负责监督和检查。发现有不交手机的任课教师要立即制止，勒令放入手机袋，同时扣除个人操行分5分

/次，扣除班级课堂效果分5分/（人·次），给予通报批评，取消该同学本学期所有评先、奖、优资格，并通知家长。

b. 各类考试期间禁止携带手机进入考场，一旦发现，试卷作零分处理，给予通报批评，取消评优资格，扣除个人操行分5分（人·次），扣除班级课堂效果分5分/（人·次），并通知家长。

c. 在上课时间内，如遇特殊情况需开机联络，学生须向当堂任课教师申请，经同意后方可取回手机，联络完毕将手机立即放回手机保管袋。

d. 任课教师课堂上不允许接、打、玩手机，否则每次扣教学考核分2分，全校通报批评，并取消学期优秀教学奖、优秀教师等评选资格。

③手机需在固定充电区域充电，不得使用劣质充电器。

④学校提倡文明用机，收发健康有益信息，自觉抵制不良信息干扰。

⑤本条例所有扣分纳入学生行为规范管理和教师绩效考核管理，班主任、二级学院职能处室要加强本细则宣传和督察。

⑥本规定从2015年9月7日开始执行，解释权归教务处。

温馨提示：如果教学需要（譬如实施蓝墨云班课堂、智慧课堂或一体化教学课堂等信息化教学的课程）使用手机，要有任课教师全程负责管理。

9. 考场纪律

（1）理论知识考试考场规则

■诚信考试

①各班级按教务处要求，提前做好考场布置。要求单人单桌，桌子反方向，桌面上不许有任何字迹和垫物。

②考生要服从监考人员的安排和领导，要有礼貌和尊重监考人员。

③考生进入考场，不得携带任何书籍、笔记、稿纸和计算器，只准带钢笔、圆珠笔、铅笔、圆规、三角板等必需的文具。

④考生在每科考前十五分钟进入考场，凭准考证对号入座。将准考证放在课桌左上角以便查对。

⑤考生迟到三十分钟不得进入考场，考试三十分钟后才准交卷出场。

⑥考生拿到试卷后，除将准考证号、姓名、班级填写在指定位置外，不得作其他任何标记，否则，试卷作废。

⑦考生答题一律使用蓝色墨水的钢笔或蓝色圆珠笔书写，字迹要工整、清楚，答案写在草纸上或密封线位置以外的，一律无效。

⑧考生对试题的疑难内容，不准向监考人员询问；如遇试题字迹不清的问题，可举手询问；交卷时，将试卷反放在课桌上，立即退出考场。

⑨考生在考场内必须保持肃静，不准交头接耳和喧哗、不准吸烟，交卷后的考生，不得在考场附近逗留和喧嚷。

⑩考试终了时间一到，考生必须立即停止答卷，并将试卷反放，退出考扬。

⑪考生必须严格遵守考场纪律，不准夹带、传条、换卷和偷看他人答案，违犯考试纪律和舞弊者，视其情节轻重，分别给予批评教育、试卷作废、取消考核资格等处理。

⑫考试结束后，相关同学应把所在考场的卫生打扫彻底，关好门窗，等待学生会检查。

（2）实际操作考试考场规则

①考生要服从考评员的安排和领导，要有礼貌和尊重监考人员。

②考生按抽签决定的场次在考前三十分钟进入指定的考场集合，凭准考证进行登记，考生迟到三十分钟不得入场，考试三十分钟后才准交卷出场。

③考生应穿戴规定的工作服装和劳动保护用品。

④考生要独立完成考核工作，不准互相商量和找人代作。

⑤考生必须严格遵守安全操作规程进行操作，要集中精力，不准吸烟，严防设备和人身事故发生。

⑥考试时间一到，要立即停止操作，不得延长时间，由考评员逐个验收，考生要清理仪器、设备和场地卫生，然后离开考场。不得在考场附近逗留和喧哗。

（3）处理规定

①凡是违反"考场规则"考试作弊者，或为作弊提供条件者，视情节给予扣除卷面成绩或卷面作零分的处理，甚至扣操行分或通报批评。

②违反"考场规则"每人扣班级考核分1分。

③凡考试作弊者，取消本学期评奖、评先资格。

六、共青团工作

（一）五四表彰活动

五四表彰是为了继承和发扬五四运动的光荣传统，使广大团员学有榜样、赶有目标，更好地促进我院共青团的工作，在每年5月份的"五四青年节"左右对一年来在共青团工作、共青团活动中涌现出来的优秀集体及个人进行的表彰活动。表彰对象为所有非毕业班级团支部、团员以及优秀青年，分别设有集体奖和个人奖，具体内容如下。

1. 集体奖项

集体奖项

序号	表彰奖项	名额	评比标准
1	"五四"红旗团支部	各二级学院非毕业班级的15%	团结带领支部团员青年认真贯彻、执行党的各项方针政策，出色完成党组织和校团委布置的各项工作任务，积极参加假期社会实践活动，支部战斗堡垒作用鲜明，在团员青年中有较强的凝聚力，团支部建设好，在二级学院团总支排名前列，认真开展"三会两制一课"活动，在团员教育评议中不达标团员人数不超过5%，本班团员青年能形成健康向上的精神风貌。

续表

序号	表彰奖项	名额	评比标准
2	"五好"团支部	各二级学院非毕业班级的20%	1.有一个朝气蓬勃、青年拥护的好班子，尤其要有一个优秀的团支部书记；2.有一支战斗力强，能发挥模范带头作用的好队伍；3.有一个主题明确，围绕服务青年需要的好活动；4.有一个结合本支部实际，切实服务团员青年学习、生活和文化需要的好机制；5.有一套长期坚持、管理规范、行之有效的好制度
3	优秀宣传集体	各二级学院非毕业班级的15%	认真负责、高质量地完成每期板报，凸显板报美化校园班级环境，进行品德教育，培养学生能力等窗口功能和德育功能，效果显著

2. 个人奖项

个人奖项

序号	表彰奖项	名额	评比标准
1	优秀青年干部	每团支部1名	注册志愿者、班级团支部委员，积极参加社团活动、班级团事工作表现优异、成绩优秀无违纪现象，注册志愿者且累积志愿时长10小时以上
2	优秀团员	按25%团员比例上报	注册志愿者、积极参加社团/协会活动和团活动、在班表现优异、无不及格现象、无重大违纪现象，注册志愿者且累积志愿时长10小时以上
3	优秀社员	社团/协会5%名额比例上报，优秀社长占1名	注册志愿者、积极参加社团/协会活动、并在日常社团/协会活动中表现优异，注册志愿者且累积志愿时长10小时以上
4	模范青年干部	按团总支25%团干比例上报	注册志愿者、积极参加社团活动、切实起到团干的模范带头作用，配合团总支书记做好各项团事工作，注册志愿者且累积志愿时长10小时以上

（二）团支部量化考核细则

本细则，旨在更好地推进各班级的团支部建设，配合团委以及各二级学院团总支，开展好团的总体工作。

1. 考核内容及分值比例

团支部量化考核，实行百分制，共有团总支打分和团委打分两项内容组成。团支部量化考核分数＝本学院团总支对该团支部考核分数（百分制）*80%+团委对本学院团总支考核分（百分制）*20%

团委对团总支的考核标准参见相关细则，团总支对团支部的量化考核内容，共分为10项内容，具体内容和分值比例如下表所示。

项目	分值	项目	分值
1. 例会考勤	5分	2. 青年大学习	10分
3. 板报检查	15分	4. 团支部工作手册审查	5分
5. 材料报送	20分	6. 团支部主题团活动	5分
7. 发展团员	5分	8. 社团／协会参与率	10分
9. 志愿服务	20分	10. 书香班级	5分

2. 各项考核评分细则

（1）例会考勤（5分）

①按照要求，各二级学院团总支，每周至少召开一次各二级学院团总支干部例会，总结上周工作、安排本周团务事宜、开展提升干部工作能力的培训、了解学生干部或各班级思想动态等，并详细进行会议记录（留存每次会议照片资料）。其他会议，如各班级宣传委员交流会、各班级组织委员交流会、各班级团支书交流会、团员代表交流会等，根据需要自行安排。

②各班级团支部相关参会人员接到例会通知后应按时参会，并携带记录本详细记录会议内容，会后做好向班主任或班级成员传达的工作。

③团总支对会议考勤进行记录，迟到一次扣本班级团支部1分，未到扣除2分，

因未到或迟到而耽误的团工作，在其他环节继续扣分。

④团总支如有安排学生代表本院系团总支，参加院团委会议或者代表院系进行活动抽签等工作，未到或迟到将影响到本院系团总支的考核，对其参会学生班级可进行双倍扣分，即迟到一次扣本班级团支部2分，未到扣除4分。

（2）青年大学习（10分）

为进一步激发学院青年学习热情，充分发挥团支部作用，转变学习观念，加强沟通交流，营造良好的学党爱党氛围，确保青年大学习的学习效果，各团总支在本学期继续对青年大学习进行考核。

团总支每周认真检查各班大学习参与情况，统计各班级每次"青年大学习"的参与率，按照"参与率＝参与人数/班级人数*100%"来计算。

将本学期截至期末统计日期为止的各期参与率进行平均，并将百分制参与率换算成10分权重，即为本班级的该项得分。

（3）板报检查（15分）

①按照团总支要求，各团支部每月办一次板报，如有特别节日等特殊情况例外。

②板报内容和主题一般由各二级学院团总支统一安排。

③每期板报由团总支安排进行打分，团委宣传部一般在每月18日左右进行巡查，对各班板报质量汇总后，及时向团总支进行反馈，辅助团总支板报考核工作。

④检查评分标准如下（百分制打分，后期折合成15分）。

a. 总观（25分）。

板面布局合理，干净整洁，无涂抹和乱写乱画的痕迹。否则视情节扣1~15分。

b. 主题、内容（30分）。

● 主题鲜明，标题突出，内容健康，积极向上。否则视情节扣1~30分。

● 板报要有落款，注明某某班宣，缺少落款扣5分。

c. 字迹、插图（30分）。

要求工整、美观、无错别字，插图适量并富有创意。否则视情节扣1~15分。

d. 颜色搭配（15分）。

板面颜色搭配协调，给人以新鲜感。否则视情节扣1~10分。

e. 各二级学院团总支在检查过程中，如有以下情况出现，可以按照规定扣分。

● 发现未办理板报，或者板报主题不是规定主题的班级，按 0 分计算。

● 检查时正在办理的，督促该班级抓紧时间办理，打分成绩在原先百分制的基础上扣除 20 分。

● 板报题目符合主题要求，但内容与主题无关的，分值不能超过 60 分。

（4）团支部工作手册审查（5 分）

各二级学院团总支定期对各班级团支部《团支部工作手册》（以下简称《手册》）进行培训和指导性填写。各二级学院团总支在每学期的第二个月份对各团支部统一进行全面检查，查出错误进行指导修改。每学期末将《手册》交团总支保存。

①检查《手册》未填写的班级，扣 2 分。

②填写有问题，根据错误程度多少扣 0.5~1 分。

③《手册》丢失，扣 3 分并按成本价 10 元购买（期末未交，按丢失扣分）。

④班级团员未达到团支部成立标准，不用领取《手册》，团总支成立临时团支部，接纳这些团员，并统一填写《手册》，检查分数为各班级分数。

（5）材料报送（20 分）

①各团支部应按照上级团总支的要求和安排，严格按照各种材料的上交时间节点按时上交，以免影响本学院团总支的整体材料上交进度和考核质量。

②未按照时间节点，延迟报送的团支部，每次扣 1 分，未报送每次扣 2 分，扣完为止。

③报送材料不符合文明校园材料标准要求，每次可进行 0.5~1 分的扣分。

（6）团支部主题团活动（5 分）

①团支部主题团活动是指各班级团支部根据班级自身情况开展的区别于其他班级、带有自身特点和针对性教育含义的活动。

②参与团委或学校统一组织的大型活动，不算班级特色活动。

③主题团活动，可以是团支部团课活动，根据时事政治而开展的讨论、演讲和辩论活动，各种节日、纪念日策划的活动，等等，形式不限。

④开展主题团活动前必须向本学院团总支报备，活动后将通知、策划、活动记录（照片等）、最后总结或新闻等相关资料，按照文明校园材料格式标准，一

并交于本二级学院团总支进行资料留存。

⑤标准：

a. 主题活动全员参与（个别请假除外），+1分。

b. 活动形式新颖、组织有序、教育意义深刻，+3分。

c. 活动结束后递交的材料齐备，符合标准，+1分。

（7）发展团员（5分）

①满足以下条件，班主任可以根据名额比例择优推荐。

a. 学生在各方面品学兼优，各科成绩在80分以上，未受处分现象。

b. 手机实名注册"志愿汇"APP并累计志愿时长10小时以上。

c. 截至本学期至少参加一个社团或协会组织，并有相关负责人签字证明。

②在学生入团审查过程中，如果出现审核不符合要求被一票否决，或者在申请过程中由于违纪、团课考核不合格等原因，未经团委审核通过而浪费指标和名额的，每名学生扣除班级2分。

③若本学期团委未组织团员发展，该项得分为0分。

（8）社团/协会参与率（10分）

①校团委会汇总各班社团/协会的参与率，期末平均后进行考核。

②班级社团/协会参与率基本要求为40%，得基础分8分，低于该基础分每10个百分点扣2分，超过基础分有2分加分。

参与率%	0.1-10	10.1-20	20.1-30	30.1-40	40.1-50	≥50
得分	2	4	6	8	9	10

（9）志愿服务（20分）

①校园文明志愿者考核（10分）。

按照各二级学院团总支整体安排，各班团支部需要安排人员参与每学期团总支承担的"校园文明志愿者活动"。各二级学院团总支以及团委组织部干部，均会每人对各个岗位的志愿者进行巡查。如有以下情况，按照该生佩戴胸卡班级进行统计并扣分，计入班级考核中。

a. 迟到扣1分、缺勤扣2分（将未到岗位反馈给团总支，团总支根据事先岗位分配学生，查找核实班级）。

b. 上岗期间，迟到、早退、吃东西、不佩戴团徽、团徽佩戴不到位、服装不统一、服装拉链不拉、聊天、玩手机、蹲/坐/靠休息、不负责或对不文明行为视而不见等现象，每人次扣班级1分。

c. 学生志愿者身穿黄马甲，如发现上岗结束后不迅速回班，在校园逗留玩耍或者去食堂就餐者，每人次扣除班级3分。

d. 学生志愿者身穿黄马甲，有严重违反抽烟、"三非"等校规校纪的，每人次扣除班级5分，并按照校规给予处分。

②其他志愿服务工作（10分）。

团总支安排的志愿服务活动，在没有强制要求参加，而是自愿申请参加的活动，根据每次各班级报名的参与积极程度，可给予1~2分/班的加分（注意是按整个班级进行加分，而非班级参与人次）。但如果报名后活动过程中组织纪律性较差，可以根据情况，将所加积极参与的分数进行扣除。

（10）书香班级（5分）

经过各班级提报、图书馆和校团委逐级审核后，图书馆将提供书香班级最终班级名单，各二级学院团总支按照25%的比例推荐校级书香班级。获得校级"书香班级"称号的得5分，获得院级"书香班级"称号的得3分，未获得书香班级的此项为0分。

（三）志愿者管理制度

为了更好地丰富学生的课余生活，弘扬雷锋精神，培养学生奉献、合作的精神，团委将不定期组织开展一系列的志愿服务活动。

根据上级团委部门要求，目前倡导在校所有学生都能作为志愿者，在团中央"志愿中国"官网和"志愿汇"手机APP上注册成为注册志愿者。一年级志愿服务时长需达到10小时以上，二年级及以上年级，志愿服务时长需达到20小时以上。

"志愿中国"网站是在共青团中央指导下，中国青年志愿者协会建设和运营的中国志愿服务综合信息管理系统。网站提供团员和志愿者注册、志愿者组织注册和管理、志愿工时记录、注册志愿者保险及相关激励服务等功能。

入学后，团委组织部将安排各二级学院团总支，对所有未注册学生进行志愿者注册，并组织相关志愿服务活动。

（四）社团/协会管理制度

为了培养学生的爱好和特长，为学生提供一个展现才能、锻炼自我的舞台，丰富学生的业余生活，营造良好的校园文化氛围，有效监测社团工作，寻找社团存在的问题，特制订本制度。内容如下。

1. 人员纳新

①新生军训结束后，在团委的统一组织下，所有社团由负责人在统一时间、统一地点进行宣传，招募新成员。

②新成员可试听一次课或参加一次活动，从而确定参加的社团，无特殊情况中途不得退出。

■社团/协会纳新活动

2. 组织结构

①由团委指导社团的工作。

②各社团的负责人由选举产生，经试用期后正式任命。

3. 社团活动

①团委负责整体协调工作，如上课、活动、场地等事宜。

②活动时间为下午第三节课时间。

③负责人负责各自的展板宣传工作。

4. 社团管理

①例会制度。定期召开负责人会议，总结工作，解决问题，讨论发展方向。

②负责人负责使用场地卫生、音响设备的使用，注意关好门窗和电源。

③五四表彰活动期间评选优秀个人，并进行表彰。

（五）校园文明监督岗制度

校园文明监督岗由校团委负责，每周由各二级学院团总支配合，安排校园文明志愿者在各岗位地点进行文明志愿服务活动。校园文明监督岗成立于2017年，以倡导校园文明、杜绝不文明行为、净化校园环境、打造和谐校园为目的，以弘扬校园文明新风尚、展现化院学子良好的精神风貌为己任。

1. 工作范围

对全校学生学习、生活、娱乐、休息等公共活动场所的一切不文明行为进行监督和劝导，协助我校有关部门进行学生管理。

2. 工作内容

①校团委总体策划指导，各二级学院团总支配合选拔文明志愿者，按时间和指定地点对教学楼、运动场等校园公共场所进行巡查，及时发现校园中的不文明现象，予以劝导并记录。

②各二级学院团总支对文明志愿者的记录进行整理和汇总，每周将检查的结果以电子表格形式反馈校团委。校团委、学生处根据学校相关规章制度标准分别进行相应考核。

③文明志愿者每天上岗必须由二级学院团委老师负责，成员一般由各班的团委成员或团员组成。

④文明监督岗共设置9个岗位，如临时有活动会加岗位。每个岗位安排两名成员。工作中有问题及时与带队老师联系。

■文明志愿者协助我校有关部门进行学生管理

3. 文明监督岗服务时间

周一至周五：早上，7:35—8:00；中午，12:00—13:00或13:35—13:55（按冬夏季有所调整）；下午，18:35—18:55；晚上，20:30—20:55（田径场值班）。

周五、周六晚上：夏季，19:30—20:55；冬季，18:30—20:55。

4. 校园文明志愿者前期培训与考核

①校团委提供培训内容和岗位分工，各二级学院自行对本学院文明志愿者进行岗前培训。

②校团委每天安排组织部学生干部对文明志愿者工作进行监督考核。

5. 校园文明志愿者上岗标准

①工作态度和工作状态：见到老师面带微笑，积极阳光，主动问好，做到文明礼貌我先行！

②统一服装：黄色马甲、佩戴团徽、胸卡戴左胸前（团徽和胸卡不允许遮挡，胸卡戴在团徽下面，胸卡有照片）。

③注意自身仪容仪表和自身文明用语。

④随手捡起身边附近的垃圾，榜样引领身边人。

⑤上岗期间不允许倚靠墙壁、蹲坐、玩手机、吃东西、聊天。

⑥不迟到、早退，不串岗、脱岗。

⑦不允许拉链不拉、缩手、插兜等。

⑧文明检查结束后及时回班，不允许出现文明检查结束后在校园逗留等现象。

■志愿者领取黄色马甲

■宣誓仪式

⑨要求有宣誓仪式，宣誓词如下。

我志愿参加校园文明志愿服务活动，努力做到严于律己、一丝不苟，积极阳光、微笑服务，传播校园文明，共建美丽化院。

宣誓人：×××

第六章　生活篇

　　校园生活可以平淡无奇，也可以精彩纷呈，热爱生活的人总能发现生活中的美好。人生就像一座银行，努力学习和认真生活就是积累资本，而贪图享受、虚度光阴就是提前透支幸福。如果能尽早自己的事情自己做，自己的生活自己统筹安排，养成自我管理、自我约束等习惯，就能增强自己生活的独立性、目的性和计划性，这对我们今后生活的幸福和成功是大有益处的。

▶▶▶ 一、作息时间

　　"第五章管理篇"介绍了日常作息时间，现在我们来看一下完整的一天作息时间是怎样的。

① 6:00，起床。

② 6:20－6:50，早操。

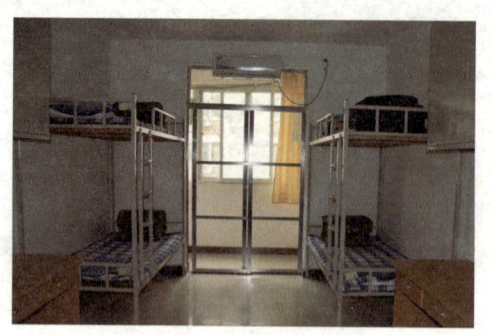

③ 6:50－7:20，整理内务。

④ 7:20－7:40，宿舍卫生公值。

⑤ 7:00－7:50，早餐。

⑥ 8:00－8:10，晨读。

第六章 生活篇

⑦ 8:10－9:45，第1~2节课。

⑧ 9:45－10:15，课间操或升旗仪式。

⑨ 10:15－11:55，第3~4节课。

⑩ 11:55－12:40，午餐。

⑪ 12:40－13:20，午休。

⑫ 13:20－13:40，宿舍卫生公值。

⑬ 14:05－15:45，第 5~6 节课。

⑭ 15:55－16:55，第七节课（自习、社团、协会、校内课外活动等）。

⑮ 16:55－18:50，晚餐、自由活动。

⑯ 19:00－20:30，晚自习（周一至周四）或班会（周日）。

⑰ 21:00，宿舍查寝。

⑱ 21:30，宿舍熄灯，休息。

备注：周五、周六晚 19:00 之前住校生必须返校；周日班会，住校生必须参加，非住校生根据情况参加。

二、校园生活指南

（一）校园一卡通使用说明

1. 一卡通的办理

①办理时间：周一至周五 11:50—14:00，其他时间可拨打电话 0371-22215029 找值班老师办理。

②办理地点：校园一卡通中心（餐厅一楼向南窗口）。

③办卡工本费：15元。

2. 一卡通的使用

①使用范围：校园内商店购物、就餐、洗浴、宿舍购电、教学楼内直饮水。

②设置密码：持卡人及时修改卡片初始密码，本人可在超市的消费机上修改密码。

③限额消费：每卡每日消费限额20元，若超过限额，可输入密码后继续消费。

3. 挂失与补办

①挂失：卡片丢失、损坏，应当及时办理挂失。挂失地点：校园一卡通中心，也可拨打电话 0371-22215029 进行咨询。

②补办：挂失24小时后持本人有效证件（胸卡、身份证等）办理新卡，办理新卡时需交纳工本费15元。

4. 注意事项

①凡捡到丢失的校园卡，请送交团委或校园一卡通中心。如恶意刷卡，属不正当占有他人资金行为，造成持卡人经济损失的，一经查实，学校将予以严肃处理。

②退卡销户需先办理相关手续，然后持本人有效证件到校园一卡通中心办理。

（二）保险报案、注册流程

保险报案的流程为：查询保单号—电话报案—上交相关材料。

注册流程根据险种而定，不同的险种流程不同，具体如下：

19、20 级学生购买的保险为"天安财险",报案电话 95505。

查阅电子保单步骤:在微信公众号内搜索"天安财险"关注此公众号。

①点击"享服务"——保单查询(如图)。

②进行实名认证(如图)。

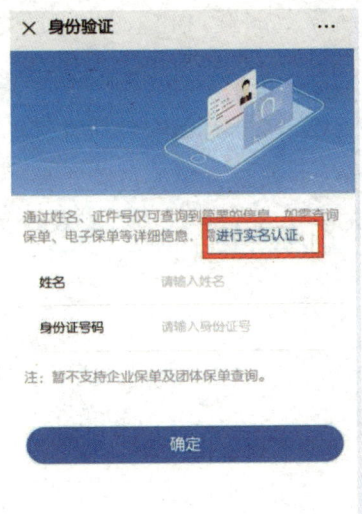

③填写信息时注意手机号必须是学生本人姓名开卡方能"实名认证"查阅信息，反之则注册失败（如图）。

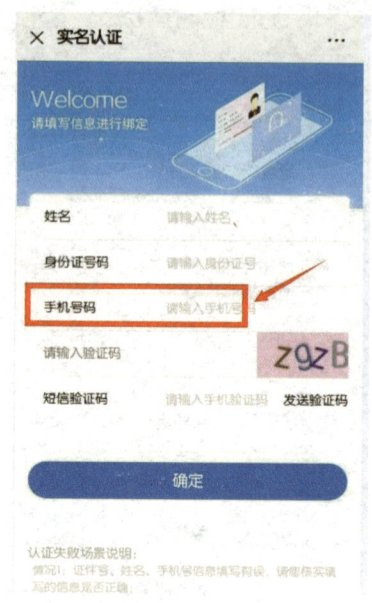

注册成功后即可显示本人信息及保单号。

温馨提示：打电话报案时无须记录保单号，直接报本人身份证号即可。

报案电话必须在 24 小时内上报。立案后会有保险公司的工作人员跟当事人联系，工作人员会讲清楚所需要的资料和东西，治疗完毕以后无需将资料交到学校。

温馨提示：如果学生在家购买的有新农合或社保的话，请告知学生住院治疗的时候先报销新农合（后续会有保险公司人员联系告知）。

18、19 春老生购买的保险为"大地保险"，报案电话 95590。

查阅电子保单步骤如下。

①请在微信公众号内搜索"中国大地保险河南分公司"关注此公众号（如图）。

②点击"增值服务"——"星级免费权益"（如图）。

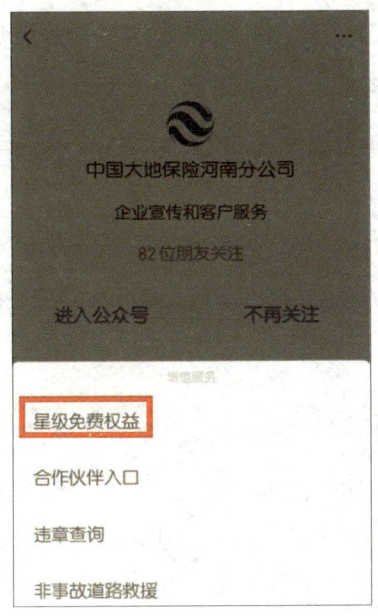

③根据提示（如图）注册成功后即可显示本人信息及保单号。（没有购买保

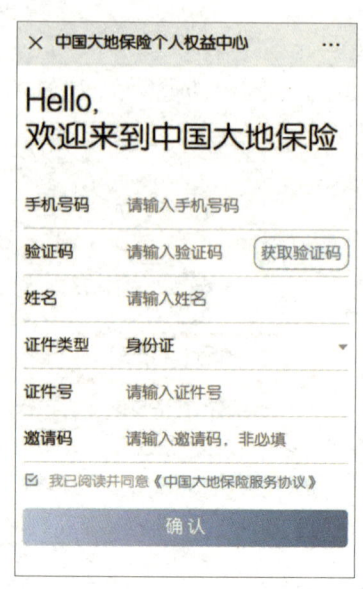

险的人员注册查询不到信息）打电话报案时请记清楚本人的保单号（保单号为PEGD……）。

温馨提示：报案电话必须在24小时内上报。立案后会有保险公司的工作人员跟当事人联系。治疗完毕后请将医生诊断证明、治疗的所有发票、一日清单、住院证、出院证、身份证复印件、学生本人银行卡复印件交至学生处，学生处转交保险公司。后续赔付由保险公司转账到学生银行卡上（需要注意的是，无论在哪个地方治疗，请将上述资料拿回到学校）。

如果学生在家购买的有新农合或者是社保的话，住院治疗的时候先报销新农合（社保），新农合（社保）报销完毕后将报销完毕的发票盖章和未报销的治疗发票（自费药除外）、上述所有资料拿到学生处，学生处转交保险公司。

（三）公交

学校目前所处的地理位置远离市区，市内两条公交线路经过学院门口（16路、44路），周末有出行计划的同学可以选取合适的乘车路线。

① 16路公交车首末班时间：6:00－20:00。

线路:（起）内环路公交五公司、自由路解放路口、相国寺、延庆观、观前街、老博物馆、鼓楼区法院、包公祠、马市一街、皇宋大观、马市街村委会、晋安路北正门、开封大学老校址、市委市政府、市发改委、金明广场、市政协、省地税培训中心、河南大学小西门、河大新校西门、枫华西湖湾、海马公馆、东京大道二大街、东京大道三大街、东京大道四大街、五大街职教路口、开封技师学院、河南医药技师学院、东京大道六大街、河南化工技师学院、河南应用技术职业学院（终）。

②44路公交车首末班时间：6:30—19:00。

线路：（起）宋城路站、宋城路一大街、郑开大道一大街、开封市民之家、郑开大道五大街、五大街中段、东京大道五大街、东京大道六大街、东京大道七大街、东京大道九大街（终）。(注意：公交路线时有调整，请及时关注官方消息。)

（四）银行

取款机：建设银行（学院门口）、工商银行、浦发银行、邮政储蓄（六大街河南医药健康技师学院门口）。

如果需要办理银行卡，建议持本人身份证，乘16路公交车到金明广场下车，到附近的建设银行办理。

（五）医院

学校有医务室（教学楼B111房间，周一至周五8:00—17:00开放），若生病较为严重，可以去六大街的西郊乡医院，更为严重的，可去市内大医院就诊。

（六）快递

虽然学校远离市区，但所有快递都可以送达，同学们可以放心网购，但是为了避免放学时校门口拥挤，部分快递小哥会校门口等待，部分快递可以暂放在学生公寓一号楼和二号楼之间的快递代收点。

三、资助工作

（一）学生资助工作实施细则

根据《河南省中等职业教育免学费政策实施方案》《河南省中等职业学校国

家助学金管理办法》要求，为进一步落实资助政策，维护教育公平，促进职业教育持续健康发展，确保资助工作顺利实施，结合学校实际情况，特制定本办法。学生资助工作实施细则如下。

第一条　资助对象

①免学费：全日制正式学籍的在校学生。

②国家助学金：全日制正式学籍一、二年级的家庭经济困难学生、建档立卡贫困户家庭学生以及连片特困地区的农村学生。

第二条　国家助学金资助方式和标准

①连片特困县及建档立卡贫困户。

全日制正式学籍一、二年级在校生，家庭人口均为农村户籍，按照政策提供证明材料，班主任审核，逐级审批后，由学校组织学生统一办理中职卡，由省厅和银行联合发放国家助学金2000元/年至学生本人中职卡中。

②家庭经济困难。

全日制正式学籍一、二年级在校生，按照政策提交申请，班主任审核，逐级审批后，由学校组织学生统一办理中职卡，由省厅和银行联合发放国家助学金2000元/年至学生本人中职卡中。

第三条　资助原则

①以资助品学兼优、家庭经济困难的学生为基本原则。

②操作过程中，坚持公平、公正、公开。

第四条　国家助学金的申请程序

①学生本人必须拥有个人身份证原件。

②学生本人填写《河南化工技师学院助学金申请表》。

③学生向班主任提交申请，并提供、上交相关证明材料。

④班主任审核相关申请材料，按照要求确定学生名单，签字确认并上报，二级学院、学校逐级受理、审查所接收的学生信息。

⑤学校组织初审，将初审结果在学校内进行不少于5个工作日的公示，接受广大师生的监督。

⑥公示无异议后，学校按照要求统一为每位受资助学生办理中职卡。

⑦学校按照统一的时间要求，打印《中等职业学院国家助学金受助学生汇总表》，经处室负责人、主管校长、校长审核签字并加盖学院印章后上报河南省人力资源和社会保障厅审批，并将《助学金学生花名册》上报河南省人力资源和社会保障厅备案。

（二）国家助学金办理学生须提供的材料（纸的规格：A4）

①个人身份证原件。
②《助学金申请表》。
③身份证复印件（正反面，两份）。
④户口本复印件（首页、学生本人页，一份）。
⑤《河南化工技师学院家庭经济困难学生认定申请表》。
⑥困难证明（当年的相关证明）。

a. 学生家长或学生本人的低保证复印件。
b. 乡（区）级以上民政部门开具的家庭生活困难证明（盖有民政局的公章）。
c. 建档立卡贫困户提供县扶贫办开具的证明（盖有县扶贫办公章）。

（三）免学费办理学生需提供的材料（纸的规格：A4）

①《免学费申请表》。
②身份证复印件（正反面）。
③户口本复印件（首页、学生本人页）。

说明：若学生没有办理身份证，免学费材料可先不提供身份证复印件，新生入学后各班统一收齐，由班主任保管。（三年制高中起点班级的学生，交6份/人；四年制初中起点的班级学生，交8份/人。）

（四）中职卡使用说明

①激活。
a. 年满16周岁的学生：需本人携带身份证原件和学生证到中国工商银行人工柜台激活，无初始密码，激活后该卡才能正常使用。
b. 未满16周岁的学生：需监护人和学生本人共同到中国工商银行人工柜台

激活，学生本人携带身份证原件和学生证，监护人携带身份证原件。

c. 激活后请将银行卡绑定至学生本人微信或支付宝，以免丢失银行卡影响助学金发放。

②丢失：中职卡遗失和损坏，持卡人本人持身份证到中国工商银行东京大道支行（东京大道与黄河大街交叉口）办理挂失及补换卡手续。补卡后学生需将有关新卡信息及时报到B110学生处，以免影响本人助学金的发放。持卡人擅自注销中职卡或因个人延误、漏报卡号等原因所导致的助学金发放失败，相关后果和责任均由持卡人承担。

③助学金在第二年三四月份发放，春季申请的助学金在当年八九月份发放；助学金由全省统一发放，一年两次，通过银行直接发放至学生中职卡中。

四、健康成才

"健康"是我们生活中密切关注的热门话题，正如古希腊哲学家赫拉克利特所说："如果没有健康，智慧就难以表现，文化就无从施展，力量就不能战斗，财富就变成废物，知识也无法利用。有了健康就有希望，有了希望就有一切。"健康是技师学院学生学业成就、事业成功、生活快乐的基础。1989年，世界卫生组织（WHO）对健康给出如下定义："健康不仅是躯体没有疾病，还要心理健康、社会适应良好和有道德感。"传统的健康观"无病即健康"已无法满足当今社会发展之所求。我们就分别从生理健康、心理健康、社会适应、道德健康来说说吧。

（一）生理健康

身体健康的十项标准如下。

①有充沛的精力，能从容不迫地担负日常的繁重工作。

②处世乐观，态度积极，勇于承担责任，不挑剔所要做的事。

③善于休息，睡眠良好。

④身体应变能力强，能适应外界环境变化。

⑤能抵抗一般性感冒和传染病。

⑥体重适当，身体匀称，站立时头、肩、臂位置协调。

⑦眼睛明亮，反应敏捷，眼和眼睑不发炎。

⑧牙齿清洁，无龋齿，不疼痛，牙龈颜色正常且无出血现象。

⑨头发有光泽，无头屑。

⑩肌肉丰满，皮肤富有弹性。

世界卫生组织对于健康有一个基本的估算，指出：健康有15%取决于遗传，10%取决于社会条件，8%取决于医疗条件，7%取决于自然环境，而60%取决于自己习惯的生活方式。所以，健康的生活方式对身体健康起主导作用，否则就会影响正在成长发育的体魄。

健康生活是指有益于健康的习惯化的行为方式，具体表现为生活有规律，没有不良嗜好，讲究个人、环境和饮食卫生，讲科学、不迷信，平时注意保健，生病及时就医，积极参加有益的健康文体活动和社会活动等。同学们在河南化院要进行2~3年的学习，如何用更好的健康生活方式来度过呢？下面的建议一定会对你有所帮助。

青年人的健康生活要点。

①吃得正确：在青春期保持饮食平衡并且有规律，有助于你现在健美、将来健康。

②喝得正确：干净的水和果汁是有利于健康的，不要饮酒，不要长期饮用饮料。每天要喝足够的水，不要等到渴了才去喝。学院教学楼每层都有直饮水，十分方便。

③远离烟草：如果你想健康并且有吸引力，请不要抽烟，因为抽烟并不会让你看起来更加有魅力，可能会适得其反。

④适当放松：运动、音乐、阅读、与其他人交谈，可以帮助你缓解压力，成为兴趣广泛、爱好多样的人。

⑤积极自信：要乐观、积极、自信、富有创造力、充满正能量、珍惜青春。

⑥知道节制：节制欲望和不良嗜好，不吸烟，不饮酒，不吸毒，不旷课，不行窃，不翻墙，不通宵上网，保持良好的休息习惯，并做到有规律地睡眠。遇到矛盾，克制住自己的情绪，不打架斗殴，不滋事闹事。遇事三思而后行，大多数

的事故都是可以避免的。公共场合男女生交往有分寸，不做有损于自我和学院形象的不良行为。

⑦正确认识与应对青春期自身的变化：了解自己身体的变化，千万不要因为好奇，做出伤害他人也伤害自己的事情，要学会对自己的行为负责。

⑧加强体育锻炼，适当运动："生命在于运动"，适量的运动可以促进血液循环和新陈代谢，调节和兴奋大脑的神经中枢，增强和提高免疫力；运动还可以增加食欲，提高睡眠质量。

■ "生命在于运动"

健康的生活还可以通过参加学校的社团、协会，培养自己的兴趣和爱好；到学校图书室、阅览室丰富自己的大脑；参加志愿者活动帮助需要帮助的人；参加社会实践活动了解社会，提高社会阅历；参加学校组织的各项文体活动，增强交往，增加友谊，建立自信等。

（二）心理健康

"只有优异的成绩，却不懂得与人交往，是个寂寞的人；只有过人的智商，却不懂得控制情绪，是个危险的人；只有超人的推理，却不了解自己，是个迷惘的人。"这是中央电视台《心理访谈》栏目中非常经典的一段话，它启发在校学生要学业与交往兼顾，智商与情商共赢，发展关键能力与自我认识并重。古今中外，大凡有作为有成就的人，无一不具有良好的心理素质。

1. 心理健康六大标准

①认识并接纳自我。了解自身特点，恰当地评价自己；有自信，懂得欣赏自己，体验自身价值和意义。

②有独立生活和学习的能力。能够独立处理衣食住行等日常生活问题，能够从生活经验中获得知识与技能，并用这些方法解决新问题。

③情绪稳定，有安全感。生活中以积极的情绪为主导，能调节自己的情绪变化并基本保持平稳；内心踏实，有安全感。

④人际关系良好。能在与他人的交往中体验到正面的情绪，获得满足和快乐；能理解他人，接纳和应对人际交往过程中遇到的问题。

⑤承担应尽的社会角色。基本能够达到与自身年龄、身份、生活环境等符合的责任和义务，比如照顾家庭、完成工作等。

⑥具备应对挫折的能力。积极面对和接受现实，遇到困难、挫折时，能够调整心态，正确面对并想办法克服，而非消极抵触或逃避。

如果你符合以上的条件，那么就说明你的心理健康是达标的。在当今社会，很多人都只看重自己的身体健康而忽略了自己的心理健康，因此建议大家在生活中一定要注意自己的心理调节，保持身心健康。

2. 学校的心理机构

①学校设立心理健康教育中心（隶属学生处），面向学生开展心理咨询与服务工作。学生可通过电话预约、面谈咨询、团体咨询等方式进行心理健康咨询与活动。其下设有心理测评室、个体咨询室、音乐放松室、情绪宣泄室、沙盘活动室、团体活动室，建立了学生社团——心海导航社团，促进对心理学感兴趣、对心理健康知识有需求的同学之间的交流、沟通、互动。

■个体咨询室

■心理测评室

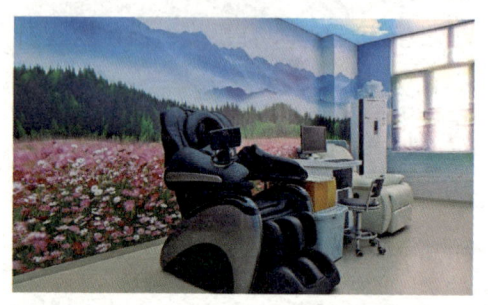
■音乐放松室

■情绪宣泄室

■沙盘活动室

■团体活动室

②学校心理健康教育特色。

a. 实行学校、二级学院、班级三级健康工作机制。配有国家二级、三级心理咨询师，班级设有心理委员。

b. 开展主动排查和主动约谈活动。学校每年针对入学新生开展一次心理测评，并根据排查结果进行主动约谈，及时发现心理问题学生，帮助他们解决生活中遇到的困惑和情感纠结，适时提出合理的意见和建议。

c. 心理健康教育活动有声有色。每学期都有心理健康教育月系列专项活动，如手语操、手抄报、笑脸墙、校园心理情景剧、户外拓展、心理运动会、紫手环活动等。

d. 心理咨询室值班制度。每周一、二、四下午都有专业的心理咨询老师在心理咨询室值班，为前来寻求帮助的学生和班主任答疑解惑，开导学生解决掉心中的"乱麻"，帮助班主任更好地管理班级。

■河南化工技师学院心理健康教育中心概况

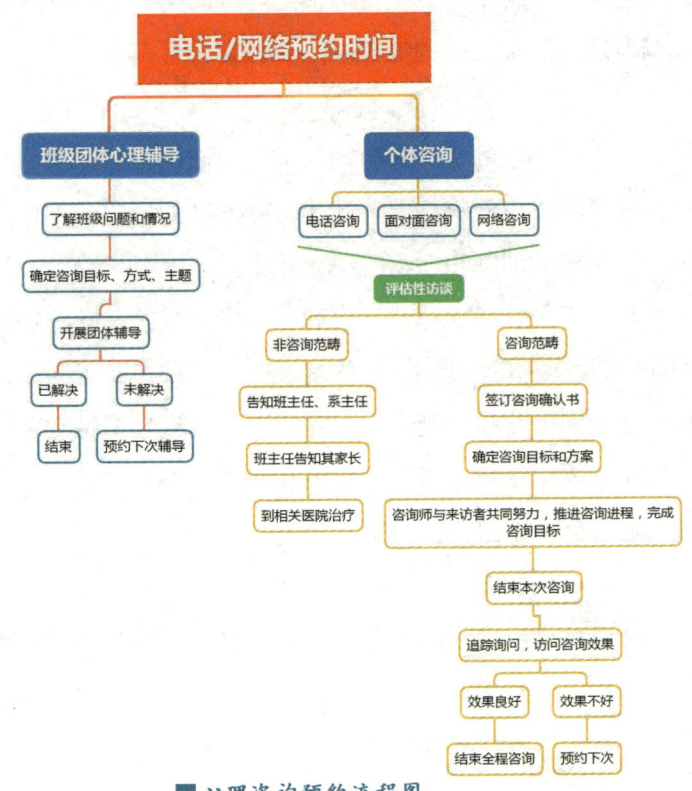

■心理咨询预约流程图

（三）社会适应

走进了技师学院，开始了人生的又一旅途。面对新的环境，你也许欣喜、也许期待。无论我们以何种心情面对校园，我们都有责任让自己在这里获得更好的成长。

1. 什么是社会适应

你有这样的经历吗？当我们从阳光照射的室外进入电影院，或在夜晚由明亮的室内走到室外，开始时觉得一片漆黑，什么也看不见，经过一段时间，眼睛开始能看清黑暗中的物体，这种现象就是眼睛对光线明暗的适应过程。简单地说，适应就是从不认识、不熟悉到认识、熟悉的过程。每个人的成长过程，其实就是一个不间断面对新情况、新变化的适应过程。通常分为三个层次。

一是生理适应，指机体根据内外环境变化调整体内各种活动，以适应环境变化，如感官对声、光、味等刺激的适应。"久居芝兰之室不闻其香"就是这个道理。

二是心理适应，通常指遭受挫折后借助心理防御机制来使人减轻压力、恢复平衡的自我调节过程。寓言中的狐狸吃不到葡萄说葡萄酸，就是一种心理防御机制的表现。

三是对社会生活环境的适应，包括为了生存而使自己的行为符合社会要求的适应，和努力改变环境以使自己能够获得更好发展的适应，如作为一名军人，就要努力地去达到严格的训练和严明的纪律要求。

适应能力是人们在长期学习、工作和生活中形成的。随着年龄的增长，我们从家庭到幼儿园，从幼儿园到小学、中学、技工院校乃至走向工作岗位，最后迈进社会，需要适应的变化越来越大，面对的人和事也越来越复杂，适应变化的能力也在这一次次的人生变化中得到了锻炼和增强。以下的社会适应力测试能让你对自己的社会适应能力做出初步判别。

A 是　　　B 无法肯定　　C 不

1. 我最怕转学或者转班级，每到一个新环境，我总要经过很长一段时间才能适应。（　）

2. 每到一个新的地方，我都很容易同别人接近。（　）

3. 在陌生人面前，我无话可说，甚至感到尴尬。（　）

4. 我最喜欢学习新知识或新学科，它给我一种新鲜感，能调动我的积极性。（　）

5. 每到一个新地方，我第一天总是睡不好，就是在家里，只要换一张床，有时也会失眠。（　）

6. 不管生活条件有多大变化，我也能很快习惯。（　）

7. 越是在人多的地方，我越感到紧张。（　）

8. 在正式比赛或者考试时，我的成绩多半不会比平时练习差。（　）

9. 我最怕在班上发言，全班同学都看着我，心都快跳出来了。（　）

10. 即使有的同学对我有看法，我仍能同他（她）交往。（　）

11. 老师在场的时候，我做事情总有些不自在。（　）

12. 和同学、家长相处，我很少固执己见，乐于采纳别人的看法。（　）

13. 同别人争论时，我常常感到语塞，事后才想起来该怎么反驳对方，可惜已经太迟了。（　）

14. 我对生活条件要求不高，即使生活条件很艰苦，我也能过得很愉快。（　）

15. 有时自己明明把课文背得滚瓜烂熟，可在课堂上背的时候，还是会出差错。（　）

16. 在决定胜负成败的关键时刻，我虽然很紧张，但总能很快使自己镇定下来。（　）

17. 我不喜欢的东西，不管怎么学也学不会。（　）

18. 在嘈杂混乱的环境里，我仍然能集中精力学习，并且效率较高。（　）

19. 我不喜欢陌生人来家里做客，每逢这种情况，我就有意回避。（　）

20. 我很喜欢参加社交活动，我感到这是交朋友的好机会。（　）

评分办法：

①凡是单号题"是"，-2分；无法肯定，0分；不是，2分。

②凡是双号题"是"，2分；无法肯定，0分；不是，-2分。

③将各题的得分相加，即得总分。

35~40分：社会适应能力很强，能很快地适应新的学习、生活环境，与人交往轻松、大方，给人的印象极好，无论进入什么样的环境，都能应付自如，左右逢源。

29~34分：社会适应能力良好。

17~28分：社会适应能力一般，当进入一个新环境，经历一段时间的努力，基本上能适应。

6~16分：社会适应能力较差，依赖于较好的学习、生活环境，一旦遇到困难则易怨天尤人，甚至消沉。

5分以下：社会适应能力很差，在各种新环境中，即使经过一段相当长时间的努力，也不一定能够适应，常常困惑，与周围事物格格不入而十分苦恼，在与他人的交往中，总是显得拘谨、羞怯、手足无措。

2. 提高适应能力的对策

为了更好地完成在技师学院的学习和将来立足于社会，我们要树立"四个学会"的适应发展观，即学会做人、学会做事、学会与人共处、学会学习，具体内容应当包括以下几方面。

①环境的适应。技工院校的新同学，大多数都是第一次真正离开家乡，离开父母，离开亲人，需要面对的一切都是新的，学校环境是一个完全陌生的环境——陌生的城市，陌生的校园，陌生的脸孔。所以，入学之初，首先要学会迅速熟悉学院的教学及辅助设施，如教学办公地点、图书馆、实验室、医务室、银行、商店、澡堂等；还要了解学院各项规章制度，知道什么是该做的，什么是不允许做的，安排好自己的课余生活。

②生活的适应。包括对不同生活条件与方式的适应。中学阶段，许多事情都由家人包办，进入技工院校凡事要靠自己处理，卫生要自己搞，衣服要自己洗，饭要自己买。饮食方面存在显著的口味差异，气候方面有可能水土不服，语言环境发生显著变化，作息制度与卫生习惯也与之前的生活迥然不同，面对方方面面的环境改变，要学会迅速调整自己的状态。有的家长把一个学期的生活费一次性打到同学的银行卡上，第一次突然拿到那么多钱，经济上缺乏一个统筹安排，很可能造成适应上的无所适从，学期初大手大脚花销，到了期末就会捉襟见肘。这些变化对缺乏独立生活能力的同学是个挑战。进入技工院校是真正意义上独立生活的第一步，首先要学会料理自己的起居、饮食、穿戴，还要学会理财，避免盲目冲动性消费。

③学习的适应。中学的教育是应试教育，它的主要形式是课堂讲授，以灌输为主，学生巩固知识的主要方式靠做题，学习任务主要是学习科学文化基础知识，学习目标就是在中考、高考中顺利地通过"独木桥"。而技工院校是培养高技能人才的场所，既要学习理论知识，又要掌握专业技能；学习强调自主学习，采用理论与实践相结合的学习方式，要求学生有很强的动手能力和操作能力，以符合将来的职业要求。所以，新生要努力提高自己的综合学习能力，正确对待专业课、基础课、技能课。

④人际的适应。想家，是大部分新同学的共同心态。同学与过去的同学好友分别了，周围的同学、老师还很陌生，新的人际关系还没有建立。所以，入学之初，同学间应相互关心和帮助，相互信赖和理解，以减轻自己的心理压力，减少孤独和寂寞。从管理上看，中学时代，学校、老师对学生采取直接管理，事事由老师安排；而技工院校更多强调学生的自我管理、自我教育、自我服务。因此，同学们要主动积极地参加学院组织的各项文体活动。

⑤角色的适应。中学阶段人际交往的对象主要是同窗好友、父母亲戚、老师，尤其是班主任天天与学生见面，饥饱冷暖、学习成长样样都有人关心。进入技工学院后，生活领域扩大，交往的场所扩大到学习、生活、娱乐等各个方面，我们更要主动地面对和应对。同学们不再是孩子了，自己长大了，自己的角色要定位为准职业人，所以行为规范要与将来的角色定位相符合，这种角色的转变，是为将来走向工作做准备的。

技师学院是人生道路上一个重大的转折点，会出现许多新变化，自然也会出现不少新问题。能否顺利度过适应期，对每个人的成长和成才至关重要，若对有些问题处理不当或认知错误，就会导致心理障碍或心理疾病。

适应是一种积极的人生姿态，适应是为了进步和发展，适应是对自己的战胜，适应是对人生的考验，适应也是一种接受，适应还是一种改变。只有心理健康的人，才能在适应能力上达到较高的水平；同样，具有较强适应能力的人，其心理健康水平也一定较高。

（四）道德健康

1. 增强道德观念意识

青春期正是道德完善，世界观、价值观、人生观形成的重要时期，是非、善恶、美丑的界限绝对不能混淆。同学们应以"八荣八耻"社会主义荣辱观为参照，增强明辨是非的能力，树立正确的道德观。

以热爱祖国为荣，以危害祖国为耻；以服务人民为荣，以背离人民为耻；以崇尚科学为荣，以愚昧无知为耻；以辛勤劳动为荣，以好逸恶劳为耻；以团结互助为荣，以损人利己为耻；以诚实守信为荣，以见利忘义为耻；以遵纪守法为荣，以违法乱纪为耻；以艰苦奋斗为荣，以骄奢淫逸为耻。

2. 注重道德修养

道德修养是在生活和学习实践中自觉地自我锻炼而来，同学们应在成长过程中不断地自我塑造和自我完善。道德是做人之本，古人云"修身、齐家、治国、平天下"，修身永远是第一位。技师学院学生要谨慎地对待自己的言行，对什么事能干，什么事不能干，都应有正确的判断，把道德修养时刻牢记在心里，落实在行动中。

第七章 德育篇

德育,如果从学校层面讲,是指教育者按照一定的社会或阶级要求,有目的、有计划、有系统地对受教育者施加思想、政治和道德等方面的影响,并通过受教育者积极的认识、体验与践行,以使其形成一定社会与阶级所需要的品德的教育活动,即教育者有目的地培养受教育者品德的活动。对于职业院校来说,学生正处于人生观、价值观形成的关键时期,学校必须对学生进行规范、系统和创新的德育教育,这也意味着德育教育在职业院校中有着更加重要的地位。

习近平总书记在2018年5月2日与北京大学师生座谈时指出:要把立德树人的成效作为检验学校一切工作的根本标准,真正做到以文化人、以德育人,不断提高学生思想水平、政治觉悟、道德品质、文化素养,做到明大德、守公德、严私德。要把立德树人内化到大学建设和管理各领域、各方面、各环节,做到以树人为核心,以立德为根本。

立德树人的含义是什么呢?立德,就是坚持德育为先,通过正面教育来引导人、感化人、激励人;树人,就是坚持以人为本,通过合适的教育来塑造人、改变人、发展人。河南化工技师学院紧密围绕并严格落实"立德树人"这一办学根本任务,以"做事先做人,做人德为先"为引领,结合学校实际、专业特色、学生特点进行调整,不断丰富德育内容,改进德育方法,将德育教育贯彻于整个教育教学之中。形成"全员""全过程""全方位"三位一体的德育模式。实施开展文化育人、安全育人、服务育人、活动育人、实践育人、环境育人、运动育人等七位一体和学生干部"赤橙黄绿青蓝紫"七色马甲为特色引领的七彩绽放的"彩虹工程"，培养"德技双优"的高技能人才队伍，为助推社会经济发展做出突出贡献。

▶▶▶ 一、文化育人

　　文化是道德的滋养源泉，是民族的血脉，是人民的精神家园。习近平总书记说过："在5000多年文明发展中孕育的中华优秀传统文化，在党和人民伟大斗争中孕育的革命文化和社会主义先进文化，积淀着中华民族最深层的精神追求，代表着中华民族独特的精神标识。"大到国家、民族文化，小到校园文化，都是对青年学生道德的教育和熏陶。

　　学校创新文化载体，打造文化强校，通过传统文化广场弘扬中国传统文化。通过让学生每天诵读《弟子规》，以及定期举办国学《弟子规》诵读比赛等方式，来使学生懂得"人无礼而不立，事无礼而不成，国无礼则不宁"的道理。通过晨读《弟子规》，不仅可使河南化院学子养成良好的读书习惯及方法，还能让学生树立明确的价值观念，养成良好的生活习惯，培养敦厚善良的心性。每年的十八岁成人仪式、感恩教育和优秀校友报告会，也是一种让学生懂得感恩的美好品德教育。

■ 传统文化广场

■ 诵读《弟子规》

■《弟子规》诵读比赛

■ 成人仪式之古典成人礼

第七章　德育篇

■感谢师恩

■优秀校友报告会

化院学子，牢固树立"千里之行始于足下"的校训、"劳动创造美好生活"的化院价值观，以及"艰苦奋斗、踏实肯干、积极阳光、尊重包容、团结协作、精益求精"的化院精神，积极打造"美丽化院、幸福老师、阳光学生"的目标。在日常教学、活动开展等各个方面，对于河南化工技师学院的办学理念进行全面渗透和宣传，让学生知晓在这个"劳动光荣、技能宝贵、创造伟大"的新时代，"铸大国工匠，凝时代匠心"是我们的追求，"做事先做人，做人德为先"是我们的理念，真诚沟通、合作共赢是我们的目标，"积极阳光，远离抱怨"是我们的心态，"见面主动问好，微笑成为习惯"是我们的名片，"有错真诚道歉，谢谢常挂嘴边"是我们的语言。

这些具有河南化院特色的文化，也通过各种团体心理辅导、积极心理手语操比赛、阳光问候活动以及远离抱怨、拥抱幸福等活动为载体加以体现。

■团体心理辅导

■积极心理手语操

■阳光问候

■远离抱怨 拥抱幸福

二、安全育人

校园安全与每位学生、老师、家长以及社会都有着切身的联系。近年来,"校园安全"也成为社会民生热词榜的关注词汇。

学校在安全教育方面不仅有完备的校园安全规章制度(详见第三章安全篇),保卫处还联合其他部门,开展了丰富多样的教育活动,使得教育更直观、更生动、更深入人心。

(一)校园日常安全

■法制教育大会

■安全教育主题板报

校园日常安全问题包括课间活动伤害、体育运动伤害、校园暴力、食物中毒等。对此,学校为每位在校学生办理了人身意外伤害保险;对于预防校园暴力以及校园欺凌,保卫处联合学生处、团委等部门,在各二级学院的配合下,通过聘请优秀公安同志来学校进行法制讲座,以及开展"蝶变讲堂"、国旗下主题演讲、主题班会、板报展板宣传等多种形式开展教育，让学生了解打架的成本，懂得相互尊重、相互谦让、和睦相处的道理；总务处会对学校食堂的食材用料等进行严格监督和管理，确保学院师生的饮食健康。

（二）消防安全

在校园安全教育中，由于教室、宿舍等都是人员密集场所，所以消防安全等也是重要的一环。学校保卫处经常开展消防隐患安全排查，做到防患于未然。学校每年都开展"安全消防月"系列活动，组织全校师生进行学生自救和安全消防疏散演习等，使得学生懂得水火无情，遇到突发情况如何根据所处环境和场地进行逃生，以及如何利用身边的工具和器材进行灭火自救。通过用电安全教育以及大功率电器、劣质电气的展示，让学生明白安全用电的重要性。

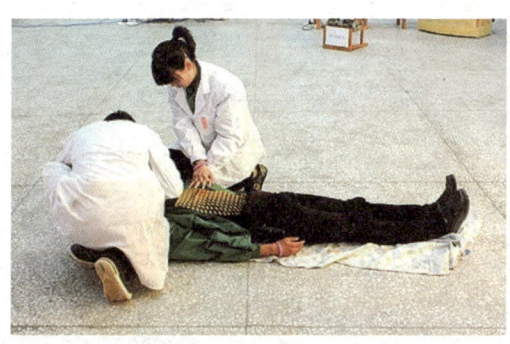
■急救常识教育

■紧急疏散演习

■用电安全教育

■消防演习

（三）出行安全

学校在寒暑假以及十一长假期间，也会定期开展文明出行等宣传和教育活动，让学生在假期中有意识地注意自身安全。

■交通安全宣传

■交通安全讲座

三、服务育人

（一）学校日常服务管理

自20世纪80年代末，中共中央发布《关于改进和加强高等学校思想政治工作的决定》起，"服务育人"就得到社会的广泛认同，成为全国各个学校相关部门公认的行业宗旨。2017年初，中共中央国务院印发《关于加强和改进新形势下高校思想政治工作的意见》，提出坚持全员、全过程、全方位育人的"三全育人"，并要求形成服务育人长效机制。

河南化院树立"以人为本"的教育服务意识，坚持服务师生的原则，在各项工作中倡导和谐，各部门互相支持，形成合力。坚持工作以学生为中心，让学生从身边的点滴之中感受到贴心服务和人文关怀的存在。"优质服务、服务育人"

■宿舍6S管理

■教室6S管理

也是我校提出的一条重要指导思想。通过在教室和学生宿舍实行6S管理，使得学生懂得规则意识，在美丽清洁的校园中快乐生活，在明亮有序的教室里用心学习，在整洁温馨的宿舍中安心休息。

■校园6S管理

校园的公共设施，也都有总务处等相关部门进行检修和维护。通过加强队伍素质建设，本着"育人先育己"的思想理念，提高自身的素质和水平。创新管理体制方法，在网上建立网络报修机制。无论遇到校园设施的任何故障，总能够第一时间到位，最短时间恢复。民以食为天，学生的身体健康也是学院关注的重点。所以学院会定期为学生进行体检，保证学校里的每一名学生都能健康快乐地学习、生活和成长。

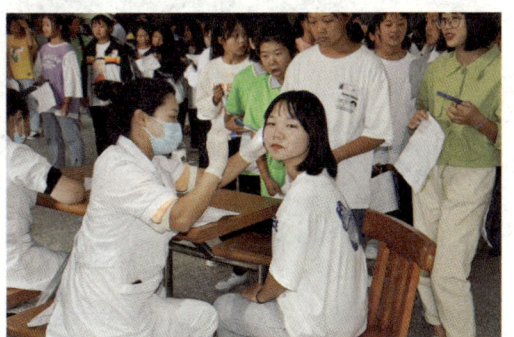

■做好服务抢修电缆　　　　　　　■做好学生体检工作

（二）学生干部服务管理

服务育人不仅仅是针对学校相关部门和老师，培养学生干部的主人翁精神和服务意识,也是培养学生的关键能力和德育工作的一个重要手段和方法。

　　学生会由学校统一管理,服从学校的安排与调配。学生干部,也是从各个班级和基层一步步选拔上来的,由有强烈意愿为广大师生服务的一些品学兼优、多才多艺的学生组成。学校学生处等相关部门,大力加强学生干部的选拔、培训和任免工作,提高学生干部的服务意识,杜绝"学生官"思想。

　　学校学生会各个部门,在工作时身穿不同颜色的马甲,作为志愿者在各个部门为广大师生提供志愿服务。如学生在劳动实践周时身穿的红色马甲、体育部组织早间操等体育活动时身穿的橙色马甲、团委组织部在进行志愿服务活动时身穿的黄色马甲、安保部在进行校园安全巡查时身穿的黑色马甲等。这些干部身穿各色马甲在校园里忙碌,为学生服务的场景,形成了河南化工技师学院一道亮丽的风景线。

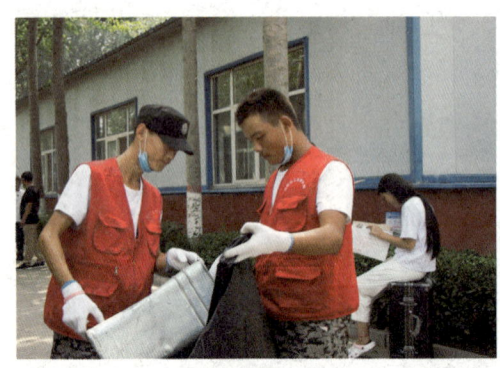
■劳动实践周红色马甲

■组织部黄色马甲

■卫生部紫色马甲

■河南化院七彩马甲

为了提高学生干部的业务能力，提高工作效率，学校相关部门会定期对学生干部进行业务能力及思想培训，从服务意识、大局意识、文明行为、沟通技巧等各个方面进行教育，并通过户外体验式培训等活动加深学生干部的综合能力，并在每学期的期末，开展各部门分享交流活动，促进各部门之间的相互了解，以便在日常的工作中能够默契配合，相互补充。

■学生干部成长训练营

■学生干部交流分享会

四、活动育人

青春的年华，要有青春的记忆。丰富的校园活动不仅能提升校园文化氛围，还能从另一方面培养学生的关键能力，提高学生的综合素质。河南化工技师学院主要采用体验式教育方式，设计出主题突出、形式多样、参与度高并且欢快有趣深受学生喜爱的活动，即让有意义的活动办得有意思，让有意思的活动办得有意义，让学生通过体验、感悟、反思、成长的一系列过程，实现教育的目的。

（一）社团组织引领学生精彩蝶变

社团是指学生自愿组织的群众性团体。它不分年级、专业的界限，由兴趣爱好相近的同学组成。在保证学生完成学习任务和不影响学校正常教学秩序的前提下，组织开展健康、积极、有益的课外文化、科技体育、艺术等活动。它既不同于第一课堂的专业学习，又与自身的全面发展有着密切的联系。既能丰富学生的课余文化生活，陶冶思想情操，又能拓展视野、激发创新、促进交流、增进友谊，也是培养学生关键能力，促进学生自我提高和成长，展示学生才华智慧的舞台和载体。

学校领导十分重视我院社团工作，从社团建设的各个方面给予了极大的政策支持，也将社团纳入学院教育的整体环节当中。学校团委整体筹备社团各项工作，学生处、教务处深度配合，立足于学校实际、充分利用学院的整体优势、专业优势、部门优势、教职工个人优势、挖掘学院各方面潜力，支持社团工作的开展。

序号	社团名称	任课老师	部门	序号	社团名称	任课老师	部门	序号	社团名称	任课老师	部门
1	心海导航	曹丽屏	学保团体	26	舞蹈社团	王雅欣	现代服务学院	51	自动化桌游协会	学生干部	各学院团总支
2	茗茶听书屋	王智	学保团体	27	唱1社团	王菲	现代服务学院	52	化学化工桌游协会	学生干部	各学院团总支
3	影视心理	张超	学保团体	28	唱2社团	李思莹	现代服务学院	53	实验技术桌游协会	学生干部	各学院团总支
4	啦啦操	杨丹	学保团体	29	钢琴1社团	崔桐菲	现代服务学院	54	机械工程桌游协会	学生干部	各学院团总支
5	快乐排球	刘俊	学保团体	30	钢琴2社团	康宁	现代服务学院	55	信息工程桌游协会	学生干部	各学院团总支
6	篮球社团	潘鹏	学保团体	31	吉他2社团	王志民	现代服务学院	56	现代桌游协会	学生干部	各学院团总支
7	篮球社团	郭峰	学保团体	32	英语角社团	乔楚	基础部	57	韩语社团	邵珂	基础部（外聘）
8	足球社团	王鹏飞	学保团体	33	尤克里里	李欣	基础部	58	篮球社团	冯乐	基础部
9	体育舞蹈	张广寅	学保团体	34	播音主持	勾雪松	基础部	59	健步跑步社团	火隆	学保团体
10	乒乓球社团	虎秋雨	学保团体	35	国学社团	何芳	基础部	60	环保社团	黄玥、许贝贝	学保团体
11	武术社团	王坤	学保团体	36	好口才社团	刘天祥	基础部	61	创意表演社团	武鹏	学保团体
12	舞龙舞狮	王坤	学保团体	37	读书社团	郑钧	教务处	62	自动化国学社团	王书昕	基础部
13	阳光体育	李慧杰	学保团体	38	手工社团	王兴云	教务处	63	化学化工国学社团	王珂	基础部
14	盘鼓社团	王红兵	学保团体	39	茶艺社团	吴伟	工会	64	现代服务国学社团	曹亚威	基础部
15	跆拳道社团	张林源	学保团体	40	急救社团	李朋飞	化学化工学院	65	信息工程国学社团	田林阳	基础部
16	动漫社团	王樽	信息工程学院	41	健身社团	李艳杰	总务处	66	语言类社团	李瑶	基础部
17	艺识社团	杨悦	信息工程学院	42	爵士舞协会	秦夏欣	现代服务学院	67	语言类社团	马东阳	基础部
18	绘画社团	肖一夫	信息工程学院	43	轮滑协会	肖鹏宇	现代服务学院	68	语言类社团	陈书颖	基础部
19	吉他1社团	张瀚文	信息工程学院	44	桌游协会	李耀华	自动化学院	69	语言类社团	申舒尧	党办
20	摄声绘影	陈金宇	信息工程学院	45	K动力	牛犇	自动化学院	70	摄声绘影社团	吴昊	党办
21	快板社团	侯钰泽	现代服务学院	46	羽毛球	李杨	院办	71	摄声绘影社团	吴谨思	信息工程学院
22	书法社团	赵一馨	现代服务学院	47	滑板协会	胡天华	信息工程学院	72	绘画社团	路贻雯	信息工程学院
23	礼仪社团	马陆洋	现代服务学院	48	藏族舞蹈协会	平道欧珠	化学化工学院	73	绘画社团	齐玥	信息工程学院
24	Urban Dance社团	李丹（小）	化学化工学院	49	安全社团	李群	实验技术学院	74	绘画社团	楚晓晓	信息工程学院
25	VR社团	杜宇	实验技术学院	50	安全社团	牛柏然	学保团体	75	绘画社团	王樽	信息工程学院

■各社团组织示意图

目前，河南化院共有75个社团，共分文化传承类、文学艺术类、社会服务类、体育休闲类和学术科技类5个类别，均由相关领域的指导老师按时授课和开展活动。其中12个社团组织由对某一方面有一定特长和兴趣的学生通过向团委申请后创办，由学生自行管理和组织各种活动，每年定期举行社团纳新活动，吸引更多学生参与到社团当中。

■ 社团/协会纳新场景

在平时的课余时间，无论是社团的指导老师，还是主要学生负责人，都会提前备好课，在室内或室外正常组织学生开展活动。教室里，或歌声婉转，或书声琅琅，或讨论热烈，或笑声回廊；操场上，或羽球飞舞，或鼓声隆隆，或轮滑飞快，或舞姿曼妙……成为学校一道道亮丽的风景线。

■ 手工社团日常活动场景

■ 书法社团日常活动场景

■ 吉他协会日常活动场景

■ 轮滑协会日常活动场景

借助社团的组织和平台，很多学生在这里有了自己的兴趣爱好，结交了很多志同道合的伙伴，大家互相学习，互相切磋，自我管理，共同成长。每年的元旦晚会、"化院好声音"校园歌手比赛以及学校的重大活动，都有社团精心筹备的节目进行表演和展示。

■武术社团参加演出场景

■动漫社团参加演出场景

■啦啦操社团参加演出场景

■舞蹈社团参加演出场景

这些社团组织，都是丰富学生课余文化生活、提高学生关键能力、打造特色校园文化的有力保障，也是学校活动育人的有效抓手。不仅如此，一些社团中培养出来的优秀学生，还代表学校参加全省及全国的各项比赛，获得了优异的成绩。近5年以来，共获得国家一等奖2项、国家二等奖1项、国家三等奖1项、河南省一等奖13项、河南省二等奖18项、河南省三等奖16项。

近5年来团委社团学生参加各项比赛荣誉一览表（省三等奖及市级荣誉略）

社团/协会	参赛学生	赛项名称	获奖等级	指导老师
摄声绘影社团	蒯佳慧等7人	全国"青年之声·我的校园我的梦"VR视频制作大赛	全国最佳团队一等奖 全国最佳艺术效果三等奖 个人全国一等奖	吴昊
创新创意社团	朱文昌等3人	"挑战杯—彩虹人生"创新创效创业大赛	全国二等奖 河南省一等奖	武鹏
心海导航社团	张露等7人	中华优秀传统文化经典短剧	河南省一等奖	曹丽屏
健美操社团	李灵坤等6人	健美操比赛	河南省一等奖	杨丹
播音主持社团	焦蕊	普通话演讲	河南省一等奖	申舒尧
播音主持社团	柳贺家	近现代优秀散文朗读	河南省一等奖	申舒尧
书法社团	王变变	毛笔书法比赛	河南省一等奖	王智
书法社团	张潇慧	硬笔书法比赛	河南省一等奖	王智
手工社团	朱明珠	手工制作大赛	河南省一等奖	王兴云
手工社团	刘帅歌	手工制作大赛	河南省一等奖	王兴云
手工社团	张如冰	手工制作大赛	河南省一等奖	王兴云
健美操社团	齐琦等7人	健美操比赛	河南省二等奖	杨丹
国学社团	高博雯	中华优秀文化演讲	河南省二等奖	夏彩玲
国学社团	朱紫煜	唐宋诗词听写比赛	河南省二等奖	何芳
礼仪社团	陈婉如等4人	职业礼仪比赛	河南省二等奖	马陆洋
绘画社团	耿婷婷	绘画比赛	河南省二等奖	肖一夫
K动力协会	梁梦园	器乐歌曲比赛	河南省二等奖	王智

正是借助社团的平台，很多学生从入校时的默默无闻，通过自己的辛苦付出和努力，到如今得到了老师和同学们的认可，找到了自己的价值，实现了在河南化工技师学院的精彩蝶变。

（二）打造品牌活动，育人寓教于乐

每学年，河南化工技师学院相关部门都会按照时间节点，分年级或人群有针对性地策划和组织不同形式的活动，如学雷锋系列活动、清明文化节系列活动、"5·18"成人仪式、感恩手语操比赛、红十月合唱比赛、校园心理情景剧比赛、秋季运动会、"化院好声音"校园歌手比赛以及元旦联欢晚会品牌活动等，有些已经历时十几年之久，这些活动对每一届参与的学生都起到了积极的教育意义，并给他们留下了难忘的校园回忆，现就其中两项活动简单介绍。

1. 积极心理蝶变工程

"积极心理蝶变工程"是我院心理健康教育中心根据学生生理、心理发展的规律和特点，运用心理学的教育方法和手段，培养学生良好的心理素质，促进学生整体素质全面提高而策划的心理健康教育活动。其中，积极心理蝶变工程中的心理健康教育活动月就是我院针对学生的心理健康而设计的一个特色品牌活动，平均每学期开展一次，目前已经举办了17届。该系列活动主要包括开心课堂——"生活中的心理学"系列主题讲座、心灵驿站——校园心理情景剧大赛或感恩手语操比赛、心海冲浪——心理健康知识手抄报大赛、心灵感恩——感恩节活动、放飞心灵——"不抱怨"紫手环活动、心灵之旅——学生成长训练营/心理趣味运动会、心灵驿站——心理健康教育中心系列活动、心的幸福——关爱特殊学生活动/开心笑脸墙等。

手语操比赛均由即将离校参加顶岗实习的班级参加，学生借助最后一次参加学校大型活动的机会，通过精心排练的手语操，表达他们对老师、对化院的感恩之心；校园心理剧比赛，通过舞台演出的形式展现了校园生活常见的心理冲突和转化策略，为学生提供了发现、思考和解决自身心理问题的思维方式；手抄报活动也是学生自己设计，突出阳光心理和积极拼搏的精神，版面美观，内容丰富；感恩节活动，感恩老师，晒出和老师在一起的幸福照片；关爱特殊学生，志愿者到特殊教育学校开展关爱特殊学生的志愿服务活动。

■感恩手语操比赛

■手抄报比赛

■开心笑脸墙比赛

■趣味运动会比赛

■校园心理情景剧比赛

2."化院好声音"校园歌手比赛

"化院好声音"是校团委主办，K动力协会协办。为了能使河南化院同学们课余时间更加丰富，拓宽视野，培养兴趣，每次比赛都是由团委干部以及K动力协会同学自己设计组织。活动从前期就开始通过展板、横幅、微信平台等各种形式和途径扩大活动影响力，经过海选、初赛、预赛、半决赛直至决赛，历时近两个月。从"化院好声音"海选时的近百人，到初赛剩余的二十余人；从进入预赛的十二位选手，到最后通过层层选拔，脱颖而出登上决赛舞台的十位选手！不管是选曲练习、服装准备还是动作设计、拉票助力，选手们都万分投入。比赛现场，播放参赛学生亲自制作的歌曲背景幻灯片或视频，影视专业的学生来帮忙拍摄歌手赛前介绍 VCR 短视频，各个社团部门积极编排节目在歌手比赛间歇进行表演助兴，全校师生、以及社会各界人士都能通过现场、电视以及网络同步直播看到比赛的实况场景，可谓精彩纷呈。

■ "化院好声音"初赛现场

■ "化院好声音"预赛现场

■ "化院好声音"决赛现场

五、实践育人

在我国古代《荀子·儒效》中就有一句至理名言："不闻不若闻之，闻之不若见之,见之不若知之,知之不若行之。"我国唐代著名诗人陆游也曾留下"纸上得来终觉浅,绝知此事要躬行"的诗句。学校通过各种志愿服务活动以及各种实践活动,让学生在亲自动手的体验中自己去感悟和反思,避免了说教式的教育和灌输式的说教,让学生在体验中真正得到教育和提高。

(一)参加志愿服务,感恩奉献你我

志愿服务是指在不求回报的情况下,为改善社会,促进社会进步而自愿付出个人的时间及精力所做的服务工作。2017年10月18日,习近平同志在十九大报告中指出:"推进诚信建设和志愿服务制度化,强化社会责任意识、规则意识、奉献意识。"

志愿服务精神,主要包括"奉献、友爱、互助、进步"。奉献,指的是无求回报、心甘情愿的付出;友爱,指的是有爱无碍、平等尊重;互助,指的是互相帮助、助人自助;进步,指的是参与活动过程中自己能力的提高。

■祥符区米寨小学少年宫帮扶活动

■助力"郑开马拉松"志愿活动

■义务献血活动

■农民丰收节志愿服务活动

■新乡拍石头永和中心小学少年宫帮扶活动　　■南阳黑虎庙小学少年宫帮扶活动

学校团委志愿者工作站以及志愿者协会，会定期组织各种社会公益活动，如阳光助残类，"暖心牵手"为留守儿童编织围巾活动，与开封市特殊教育学校开展志愿帮扶活动；绿色环保类，"绿风尚——共建碧水蓝天"绿色环保活动；社会公益类，"为生命加油"义务献血活动，助力"郑开马拉松"志愿服务活动；等等。这些志愿服务活动，不仅让学生学会了交流、沟通以及公众场合的礼仪和生活常识技巧，更让学生开阔了眼界，懂得了换位思考、感恩与奉献，用自己的微薄之力，来帮助他人、回馈社会。

（二）校园劳动实践，感受劳动创造美好生活

■在校劳动实践活动

学生处组织的校园劳动实践活动，从 2008 年起，已经有 13 个年头了。此项活动是学生按照班级排序，在班主任的带领下，利用一周的时间进行校园的清洁与维护。学生通过劳动体验，领会了学校"劳动创造美好生活"核心价值观的真谛。经过前期岗前培训，劳动周期间的监督、反馈与整改，学生对于劳动的认识

有了本质的改变。无论严寒与酷暑，无论男生与女生，也无论班级人数的多少，学生劳动期间，一张张阳光灿烂的笑脸，以及见面主动向老师的问好，还有最后由值周学生自己动手制作的图文并茂的宣传总结，都体现出活动给学生带来的积极阳光心态的教育成果。

（三）社会实践，体验生活

■参加社会实践活动

■社会实践表彰大会

■山东研学活动

■古城探索活动

每年的假期或其他课余时间，学生处、团委都会组织学生进行社会实践活动，如暑期社会实践活动，外地研学活动、"三下乡"社会实践活动、古城探索活动等，并在每年的下半学期召开社会实践表彰大会，以表彰在社会实践中获得成绩的集体和个人。学校的实践活动，也多次在省市社会实践活动中获奖。通过与社会的接触，让学生体验生活的不易以及技术的宝贵，让学生经历各类实践活动，践行知行合一。

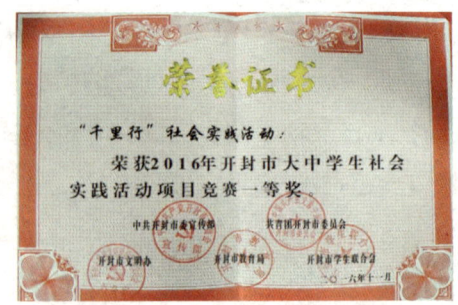
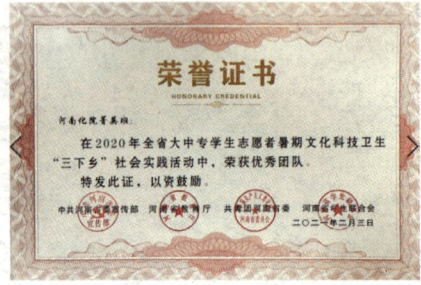
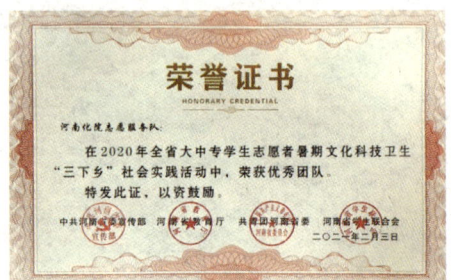

■ 学校社会实践活动获奖证书

▶▶▶ 六、环境育人

有人说环境是育人的隐性课堂，这是恰如其分的。校园环境是学校育人的一个重要组成部分，它在学院教育活动中发挥着特殊的作用。环境育人，又可分为显性环境育人和隐形环境育人。

（一）显性环境育人

显性环境育人，就是指通过校园环境的美化，在一山一水、一园一林、一草一木、一房一舍之间，培养学生的审美能力以及培训学生美化环境，爱护生命的品格。苏霍姆林斯基说过：让校园的每一块墙壁都会"说话"。整个校园，就是思想品德教育的大课堂，要让学生视线所到的地方，都带有教育性。

在学院相关部门的长期发展建设下，学院环境日益美化，并赋予流水、岩石以生命，赋予绿植、花朵以升机。各种季节的花朵争相开放，化院景色美不胜收。

■河南化院校园风光

  团委也组织学生进行摄影比赛，用自己的相机拍摄出化院的美丽，其中也不乏有一些优秀的作品。不仅如此，生机勃勃的田径场、宾至如归的师生餐厅等，都给人们留下了深刻的印象。

■作品名称《新旧交替》
（作者：17影视管理231班李弯）

■作品名称《荷塘清风》
（作者：15仪表231班王国庆）

■作品名称《红梅映化院》　　　　　　■作品名称《雨后校园》
（作者：17广告231班霍凯迪）　　　（作者：17电工231班韦洪福）

■作品名称《踏春》　　　　　　　　■作品名称《运动之春》
（作者：16影视231班赵鹏博）　　　（作者：16影视231班齐涛）

■美丽的师生餐厅

（二）隐性环境育人

"隐性教育"就是让人的思想道德品质通过内化的提升获得的素养，这种受教育过程往往是肉眼所看不见的，是一种潜移默化，让人在非意识主导的状态下接受思想道德培养的过程。隐性环境育人，就是通过打造学院的优秀校园文化和丰富多彩的校园活动，充分利用网络等教育资源和平台，重视榜样示范和引领作用，在学生的日常或参与的过程耳濡目染，形成一种润物细无声的体验式教育。打造美丽书香化院，开展阳光问候活动等，在上一章节中已经对学校活动进行了介绍，在此不再赘述。

■"化院朗读者"活动

■学生读书场景

■开封书城读书活动

■化院图书馆读书场景

　　环境育人，育人润心。努力创设美丽的校园环境，使得无论是显性环境还是隐性环境，它们所表达的语言能够感染学生思想、陶冶学生情操。学生在这种语言"氛围"中就能产生良好的内心体验，从而使这种"体验"能够成为促进学生积极主动学习和良好品德形成的一个重要因素，让保护环境、爱校爱班、尊重包容、积极阳光、学无止境的理念深入人心。

■读书分享会活动

▶▶▶ 七、体育育人

（一）体育锻炼给我们带来的好处

教育界流行着这样一句话：智育不合格是次品，德育不合格是危险品，体育不合格是废品。由此可以看出学生的全面发展应是包括德、智、体、美等诸多方面的综合发展。学校教育应当面向全体学生，通过科学教育途径，充分发挥学生的天赋条件，重视培养学生的创新精神和实践能力。注重学生个性差异，提高学生的各种素质水平，使青少年得到全面发展。

①体育是一种行动的教育。参与体育活动的过程有利于培养学生的组织性、纪律性、集体主义等道德品质。在体育活动中，我们常常要求学生克服困难、勇敢奋斗，有利于培养勇敢、坚毅、果断、机智等意志。这些品质和意志，在体育的实际活动中，比在教室里的学习中更容易表现出来，教师可针对学生的种种表现及时向学生进行教育，其效果比其他课程更显著。

②体育运动能促进学生智能发展。体育运动是一种积极、主动的活动过程，在此过程中，学生作为锻炼者必须集中自己的注意力，有目的地知觉（观察）、记忆、思维和想象。

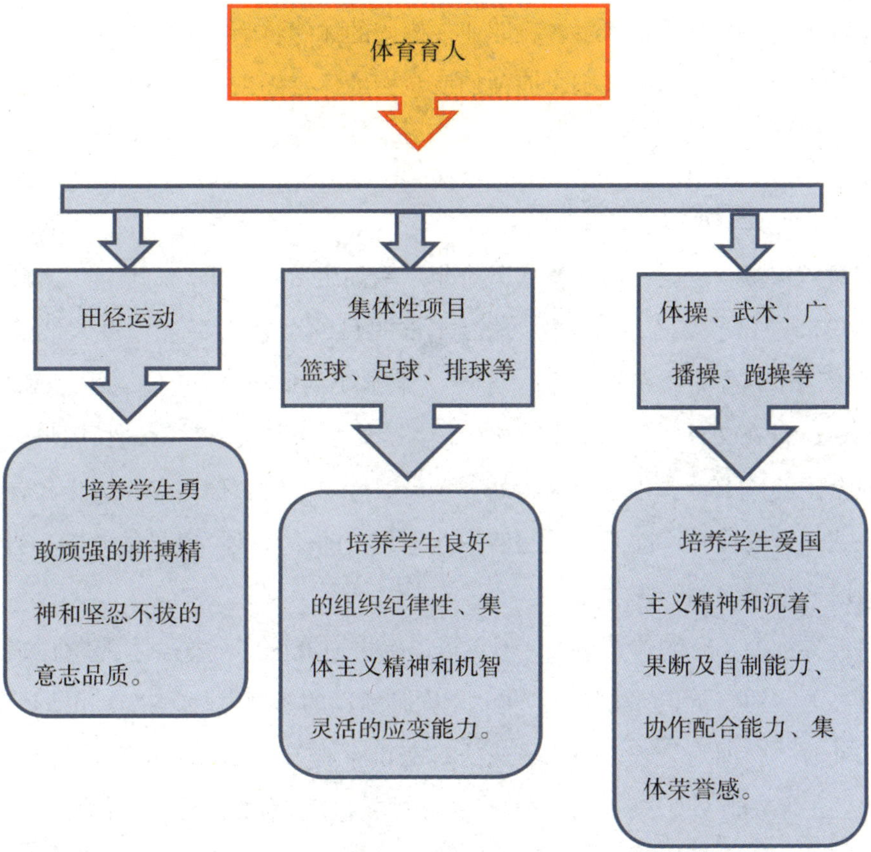

第七章 德育篇

```
                    体育育人
                       ↓
    ┌──────────────────┼──────────────────┐
    ↓                  ↓                  ↓
 田径运动          集体性项目         体操、武术、广
                 篮球、足球、排球等    播操、跑操等
    ↓                  ↓                  ↓
 培养学生勇         培养学生良好       培养学生爱国
 敢顽强的拼搏精     的组织纪律性、集   主义精神和沉着、
 神和坚忍不拔的     体主义精神和机智   果断及自制能力、
 意志品质。         灵活的应变能力。   协作配合能力、集
                                      体荣誉感。
```

■体育育人

③体育运动能改善情绪控制与调整。应激反应是指一种不适宜的紧张表现，学生在集体的学习和生活氛围中成长，应激反应常有出现，通过体育运动可以降低应激反应。

④体育运动可以增强学生的社会适应能力。随着社会经济的发展以及生活节奏的加快，许多生活在大城市的人，越来越缺乏适当的社会交往，人与人之间的关系趋向冷漠，因此体育运动就成为一个增进人与人接触的最好形式。

⑤体育运动有助于学生认识自我。体育运动大多是集体性、竞争性的活动，自己能力的高低、修养的好坏、魅力的大小，都会明显地表现出来，使自己对自我有一个比较符合实际的认识。

⑥体育中的终身体育教育思想。学校体育是社会体育的基础，学生在学校所

受到的体育教育，将会延续到社会。

⑦学生步入社会后将从事各种职业。健康的体魄将为他们发挥自己的聪明才智、贡献于社会打下物质基础，而他们所掌握的体育知识，也为事业的成功和开展社会交往创造了条件。

（二）河南化院的体育文化

1. 每天锻炼一小时　健康工作五十年　幸福生活一辈子

在我们的田径场看台上面有一行非常醒目的金色大字，"每天锻炼一小时　健康工作五十年　幸福生活一辈子"，彰显了我们对体育的深刻认识和重视。而这句话出自在2007年第七届全国大学生运动会开幕式上教育部长周济代表教育部向全国的广大青少年学生提出的"每天锻炼一小时，健康工作五十年，幸福生活一辈子"的口号。前两句也是清华五十年代的体育锻炼口号的精髓，当时对全国人民产生了深刻的影响。

每天参加一小时的体育活动，不仅可以促进血液循环，增强体质，促进健康，还会提高大脑的分析、判断和反应能力。大脑活动的基本过程是兴奋和抑制交替，人在活动时，脑细胞会经常处于迅速的兴奋和抑制交替状态，体育活动中与肌肉运动有关的脑细胞处于兴奋状态，使大脑皮层管理思维的部分得到休息，有利于缓冲脑力疲劳。同时，活动促进了血液循环和呼吸，脑细胞可以得到更多的氧气和营养物资的供应，代谢加速，大脑的活动也就更灵活，学习效率相应得到提高。

"每天锻炼一小时"这是应该终身贯彻的良好习惯，也是健康人生的基本条件。著名教育家叶圣陶先生说过：有两种习惯，一种是好习惯，一种是坏习惯。保留一种坏习惯会使人终身受害，养成一种好习惯可使人终身受益。每天锻炼一小时，说起来并不难，但要真正做到每天不间断，对人的意志也是一种考验。每天锻炼一小时也是我们学校体育工作条例中要求的，目的是为中小学生的可持续发展奠定坚实的基础。学习不好可以以后再学，比如文化课不好可以改学职业技能，要是身体不好就什么都完了。现在家长有一个共同的倾向，重视孩子的智力培养，如人格、毅力、胆识、体质的培养，而忽视非智力品质的培养，实际上体育恰恰能弥补这一不足。以后走向社会成功的关键不在于智力水平的高低和学会什么专长，而是在于有没有高尚健康的人格，持之以恒的毅力，敢冒险的胆识，与人沟通的能力以及良好的身体素质。体育可以健全其人格，勇敢其精神，强健其体魄。

2. 我运动　我健康　我快乐

快乐是宝，健康是福。天天做运动，健康没病痛。

我运动，我健康，我快乐。无论是过去，现在和将来，健康一直是人类追求的永恒主题。这样的标语屹立在我院田径场的北侧与此对应的南边有"学会做人、学会做事、学会求知、学会合作"。这不是在我们的体育实践中感受到的吗？体育锻炼是走向健康和全面发展的必经之路。

体育运动充满魅力。爱因斯坦陶醉于科学的同时会经常散步，比尔·盖茨在研究计算机之余会投入大量的精力于运动中，也正因为他们被运动所倾倒，才使爱因斯坦一直保持清醒的头脑，使比尔·盖茨年轻充满活力，让更多的人被他们所折服。

体育运动给人带来活力。有健康的人，便有希望；有希望的人，便有了一切。众所周知，毛泽东从青少年时期起，就坚持体育锻炼，无论做操、跑步、游泳、爬山，毛泽东都积极参加。毛泽东曾多次横渡长江，并写下了"万里长江横渡，极目楚天舒。不管风吹浪打，胜似闲庭信步"的豪迈诗句。运动，他像容光焕发的使者，向暮年人微笑致意，给年轻人点燃激情。

运动如此重要，益处多多。可有些同学却轻视早锻炼、课间操，懈怠体育课。跳绳偷懒，跑步掉队，课间操不到位。有的同学喜欢以各种理由不参加锻炼，或者找机会中途退出，将宝贵的运动时间浪费。

"我运动，我健康，我快乐"，健康是人类文明的象征，是学生、事业成功的基石，是为祖国和人民服务的基本前提，也是提高中华民族素质的基础。我们要规划好自己的人生，首先要把重视健康的思想落实到自己的行动中去，在操场上，在阳光下，在大自然的怀抱中，自觉地投入到体育锻炼中去吧。让我们的生命因运动而精彩！

（三）课余体育活动

课余体育活动是体育课程的延续和补充，它是将上课所学的技术和技能在课外的具体运用与实践，包括早操、课间操、课间活动、课余体育运动训练、课余体育竞赛。

1. 早操

早操是指学生每天起床后到室外做操、跑步或进行一般性的身体活动。河南化院是统一的跑早操活动，组织有序、学生参与性强，是自我进步和集体荣誉感培养的重要途径。学生坚持做早操，不仅是锻炼个人意志、养成良好的生活习惯、促进身心健康的有效措施，也是学生每天从事学习任务前的一项准备活动。出早操可以消除大脑一夜的抑制状态，激活机体的生理机能，促进形成良好的生理和心理状态，以充沛的精力和饱满的情绪进入到一天的学习生活中。

▶早操

2. 课间操、课间活动

课间活动是指文化课下课后，利用课间时间休息的几分钟在教室周围或操场做的课间操和轻微的身体活动。这是一种积极性的休息方式，为下一堂课的学习注入新的活力和精力，提高了学习效率。河南化院的课间操一直坚持得很好，在上午的第二节课后大课间组织学生到田径场进行广播操的锻炼。课间活动充分体现了以学生为主，让他们在坚持进行身体锻炼的同时养成良好的生活与运动习惯，以更好地适应学校学习生活的教育理念。

■ 课间操

3. 课余体育运动训练

课余体育运动训练是在群众性体育活动普及的基础上,对部分热爱体育活动、身体素质好又有专项运动特长的学生进行的系统的体育训练,是贯彻与提高相结合的一项重要措施。其目的是提高竞技运动水平,以便参加不同层次比赛,可为学校争荣誉,又可为学校培养体育骨干,以便指导和推动群众性体育活动的开展。

河南化院会在现在体育社团、协会的基础上,逐步建立各项运动项目的校队,对加入校队的较高水平的学生进行系统的训练,为各个院系培养一批体育运动的佼佼者,以便各院系开展各项体育活动。

4. 课余体育竞赛

体育竞赛是推动学校群众性体育活动开展的有效组织形式。体育比赛可以增进人与人之间的交流,起到振奋人心、鼓舞激情、增进才智、增强体质和集体荣誉感等。

河南化院传统的体育竞赛项目有"建风杯"篮球赛、乒乓球赛、羽毛球赛、"阳光杯"足球联赛、跑操比赛、广播操比赛、学院运动会等,我们会在此基础上完善各项目的竞赛活动,让更多的学生在自己喜欢的体育项目上崭露头角、给他们自我成功和自我认同感,同时也培养他们努力向上的积极心理状态。

生命在于运动。自然界的生命物质,都是在运动中发生发展的。如果运动停止了,生命也就结束了。人的生命靠运动维持,运动能够促进生命。运动能增强体质,提高机体的抵抗力和对自然环境的适应能力,从而预防疾病发生。在体育锻炼过程中,自然界的各种因素也对人体产生作用,如日光的照射、空气和温度

■ 课余体育竞赛

的变化以及水的刺激等，都会使人体提高对外界环境的适应力。所以，经常参加体育运动的人，不仅身体壮实，而且活泼、聪明，反应敏捷，接受新事物也快，平时极少生病。体育运动还能使人体态健美。体育锻炼贵在坚持，只有持之以恒才能收到理想的效果。

我们秉承着"千里之行，始于足下"的校训，以学生为中心不断完善校园体育文化，扩充学生的课余活动内容，用体育引领学生综合素质的提高，让喜爱运动的学生都能在自己喜欢的团体中进行体育锻炼，真正地实现"每天锻炼一小时，健康工作五十年，幸福生活一辈子"、"我运动，我健康，我快乐"的健康体育生活理念，体现终身体育意识，让他们的汗水尽情地在河南化院的运动场上挥洒，让他们的青春在校园里光芒四射。

第八章　技能篇

2014年2月26日,在国务院常务会议中,李克强总理提出"崇尚一技之长、不唯学历凭能力"的响亮口号,在社会上引起强烈的反响。单单的一纸文凭已经不再是一个人走向成功的必要条件,而获得技能也成为一个人走向辉煌的途径之一。来到技师学院学习的目的,就是学习一门技能,掌握一技之长,让自己在今后的生活中掌握一种谋生的方法,在社会上有属于自己的立足之地,能够创造属于自己的美好幸福生活!

■ 招聘对技能的要求

▶▶▶ 一、技能的重要性

所谓"技",《说文》里解释说,"技,巧也"。《新华字典》解释是,"才能,手艺"。技是人赖以谋生的手艺,安身立命的根本。"技"从古至今,一直被人所看重。"技"者，一是指工匠，《荀子·富国》中称国力强富乃"百技所成"。其二，是指技艺、本领，称高妙的"技"必与才能、才华互相交融。《书·秦誓》云："人之有技，若己有之。"所以，拥有一技之长是令人羡慕和钦佩的。

■崇尚技能

技能，是我们今天在校学习的主要目标，更是明天顺利就业的资本；技能，是我们展现自我才能的基础，是我们将来安身立命的根本，也是实现自我价值的基石。

（一）一技在手、衣食无忧

俗话讲，"家有万金不如技能在身"，讲的就是技能对于个人成才立业、安身立命的重要性。万贯家财可以瞬间散尽，世代基业可以顷刻烟灭，唯有技能和技术这些智能型财富无人能夺，可以陪伴我们一生，并成为人生的最好依托。一个养家糊口的实用技能，比什么来的都实在。

从前有这样一则故事，有两个饥饿的人得到了一位长者的恩赐：一根鱼竿和一篓鲜活硕大的鱼。其中，一个人要了一篓鱼，另一个人要了一根鱼竿，得到鱼的人高高兴兴地大吃大喝了几天，最后鱼都吃光了，不久，他便饿死在空空的鱼篓旁。另一个人靠着鱼竿天天打鱼，开始了以捕鱼为生的日子，几年后，他盖起了房子，有了家庭、子女，有了自己建造的渔船，过上了幸福安康的生活。可见，技术比物质重要。你若学会了钓鱼，将终生受用，终生不会挨饿；但倘若别人只是给你一条现成的鱼，你也就只能暂时填饱肚子，这就是"鱼"与"渔"的不同结果，也是对"一技在手、衣食无忧"的完美诠释。

还有一个有趣的故事，一个富翁有两个孩子，但是富翁却只宠爱大儿子，决定把全部的财产留给大儿子。母亲却觉得小儿子特别可怜，不希望小儿子知道此事，就请求丈夫不要宣布这件事。不过自从知道富翁的决定后，母亲每天愁眉苦脸。这一天城里来了一个老者，看到了母亲愁眉苦脸的样子，就问他为何如此伤心。母亲对老者说:"我怎么可能不伤心。因为两个儿子都一样,他们父亲却想把全部财产留给其中一个,而另一个却没有得到财产。可是我又没有钱,无法帮助他。我能做的只是让丈夫先不要宣布决定。"老者说:"这件事很简单,根本没有必要烦恼,你只需要把这件事告诉他们就行了,之后他们就会得到自己应该得到的东西。"母亲听了老者的话,把这件事告诉了两个儿子。

当小儿子知道自己什么也得不到的时候,就离家出走到外面谋求生路,学了技艺,增长了知识。而大儿子却因为父亲会把财产留给自己,就整天吃喝玩乐不努力。等到父亲死后,大儿

■ 技能的重要性

子得到了应得的财产,但是由于自己什么也不会做,慢慢地把留下的钱花光了,而小儿子却学会了挣钱的本事,变得越来越富有。本应该富有的大儿子变得一文不值,本该贫穷小儿子却富甲一方。

当然这里所指一技之长并非普通意义上的技术技能,只有"专"与"精"兼备才能称得上"长"。如果你有了一技之长,就可以在今后的生活中,凭自己所能可以有所作为,自强不息。同学们在今后的发展中也不要一味依赖父母,只要有谋生的技能,就可以自力更生,养家糊口,实现自身价值!

(二)技能成就精彩人生

"知识改变命运,技能成就人生。"在这个层次分明、知识专业化的技能时代,一个人能否实现自身价值最大化,往往与他所掌握的技能知识有直接关联,拥有精湛的技能同样可以让自己的未来熠熠生辉。

在第44届世界技能大赛中,常州技师学院的选手宋彪勇夺工业机械装调项

目金牌，并荣获全世界所有参赛选手最高奖项——阿尔伯特·维达大奖，实现了我国选手参赛以来历史性重大突破。江苏省政府为宋彪记个人一等功、授予"江苏大工匠"称号，并奖励80万元；江苏省人社厅授予宋彪副高级专业技术职称，晋升高级技师职业资格，优先推荐了宋彪参评省有突出贡献中青年专家、享受国务院政府特殊津贴人员。

曾正超，第43届世界技能大赛焊接项目金牌选手。作为焊接领域的高技能人才，他先后获得中央企业青年先锋、全国技术能手、全国青年岗位能手、全国冶金建设行业高级技能专家等荣誉，享受国务院政府特殊津贴，获得奖金累计超过100万元。

杨广，2007年初中毕业之后进入了杭州技师学院，代表中国参加第42届世界技能大赛汽车技术项目，之后一路闯关，最终获得汽车技术项目世界第九名。根据杭州的"人才新政27条"规定，他作为"全国技术能手"可以领到了一张人才购房补贴资格证，获得80万购房补贴。现在，杨广留校任职，2016年的年薪和各种福利加起来收入十几万。同时，作为高级技师，又是汽修行业的世界级高手，他声名远扬，经常被慕名而来的企事业单位请去指导、讲课以及担任各种专业赛事的评审……

毕业于平顶山技工学校的"大国工匠"张全民，因为家庭原因特殊，为了减轻家庭负担，他选择了有助学金和奖学金的技工学校学习车工专业。张全民从事机械加工工作20多年来，依靠勤奋学习刻苦钻研，从一名普通车工成长为高级技师、高级工程师和享受中华人民共和国国务院颁发的"政府特殊津贴"专家。张全民通过勤学苦练能够操作5种国内外先进的数控机床，是名副其实的"多面手"，曾代表平高集团参加国家、省、市及行业内的各种技能比赛，为企业争得了荣誉。从一名技校毕业生，到荣获"第七届中华技能大奖""第二批中国高技能人才楷模""全国技术能手""全国五一劳动奖章""全国劳动模范"等荣誉，成为高级技师、高级工程师、平高集团机械制造事业部副总经理，河南科学技术协会兼职副主席，十一届全国人大代表，这一系列荣誉，可谓是耀眼辉煌。

在2015年8月于巴西圣保罗举行的43届世界技能大赛上，浙江选手杨金龙获得汽车喷漆项目金牌，创造了浙江省参赛以来的最好成绩，他本人也获得了首届"浙江省杰出创新人才奖",代表浙江省出席第十三届全国人民代表大会。作为第43届世界技能大赛汽车喷漆项目的冠军,年仅21岁的杨金龙成了浙江省的首位特级技师,根据相关规定,他能享受与教授级高工的同等待遇。

(三)学好技能才能创新

18世纪英国的"工业革命"源于瓦特对蒸汽机进行改良,蒸汽机的使用改变了人们的生产生活方式,推动了社会的进步,使人类由双手劳作升华到了可以操控一切的能源时代。当代的各种喷气式飞机,都是在莱特兄弟发明的飞机基础上不断创新的结果。

熟练运用了我们学习的技能之后,在原有的基础上探索新方法,我们才能更好地进行创新。可以这样说,整个人类社会的进步与发展都与创新密切相关,而这种创新的源泉是夯实的技能。

2014年,在第66届德国纽伦堡国际发明展,我国工匠高凤林带着三个成果,即几十毫米厚的法兰与0.33毫米的超薄方管对接、火箭发动机异种金属关键组件焊接工艺、钛合金车架焊接工艺与来自世界各国的600余项发明成果一决高下。能在这项国际发明界的盛事上斩获任一个奖项,都是难能可贵的。展会上经评委一轮又一轮的"轮番轰炸"后,高凤林的项目依然挺拔卓越,三个项目全部获金奖。

在2018年"挑战杯"——全国职业学校创新、创效、创业大赛中,我校的作品"智能清扫装置"荣获二等奖,这个装置的制作来自我校汽修维修专业的三名学生,这和他们具备扎实的技能是分不开的。他们平时很注重基础技能的学习,一个简单的维修技巧也反复练习,经常利用所学的知识组装一些简单的车型结构。在掌握公路清扫车的原理之后,结合本专业知识,在原有的机械机构

■ 智能清扫装置

上进行技术创新改进，巧妙地设计出此作品。

（四）学好技能提高就业核心竞争力

学历并不代表能力，随着人事制度的改革和人才观念的改变，用人单位更注重于学生实际的能力，会务实地去选拔需要的人才，学历在就业市场的"含金量"越来越小。社会正在由片面追求高学历向高能力的放向转变。与大学生相比，虽然我们中职生的学历层次低了些，但掌握的技能却是大学生难以学到的，这正所谓"尺有所短寸有所长"。这么多年高等教育的盲目发展，使人才比例严重失调，技能人才严重缺乏。文凭高，但缺乏操作能力的人，并不受市场欢迎；同时，那些技能高超的"蓝领"则身价大涨。人们开始认识到学历高代替不了操作能力强，那些尽管学历不高，但动手能力强、技能水平高的人才，也是实际工作中适用和急需的人才。在第十四届中华技能大奖30位获得者中，有三张年轻的面庞格外引人注目。秦世俊、王晓菲和赵晶三位"80后"摘得全国技能人才最高奖。这三位"80后"大国工匠分别是哈尔滨飞机工业集团有限公司的数控铣工、山东德州恒丰纺织有限公司的细纱挡车工和内蒙古第一机械集团有限公司的数控车工。可见，新一代的技能人才正在崛起。

■2018年"挑战杯"获奖

■学会技能提高就业核心力

二、如何学好技能

（一）培养学习技能的能力

学好一门技能不是一朝一夕的事，首先要培养学习技能的能力，我们可以把能力分成两个方面：专业能力和关键能力。

专业能力指我们经过系统地、综合性地学习，而实现的对所学技能的理解和掌控的能力。

关键能力是我们作为技工院校的学生必须掌握的能力，可分为方法能力和社会能力。方法能力是指自我学习、自我评价和接受他人评价，掌握制定工作计划、独立做出决策和实施方法的能力。社会能力是指我们应具备的个人质量意识、环境保护意识和社会责任感，在工作中能配合他人共同完成工作，善于沟通，对他人公正宽容，拥有准确决策事物的判断力和自律力。

（二）找到学习技能的兴趣点

兴趣是最好的老师，快乐建立在兴趣的基础上，如果你想要学习一门有用的技能，最好先培养学习这种技能的兴趣，有了兴趣才能更好地去学习。不难发现，我们同学在生活中尝试一款新手游的时候，前期都是先学会一到两个技能为基础，争取能在游戏中存活，中期通过不断地学习新的技能，再加上反复练习形成实力，后期依靠自己的实力战胜所有的对手，慢慢地成为游戏中的王者。其实在这里我们可以发现，我们玩手游的兴趣点就是不断地学习新技能的过程，最终的快乐就是可以娴熟利用这些技能进行升级，这就是所谓的"游戏攻略"，即前期靠技能取胜，后期靠实力取胜。同样，我们也可以把兴趣点转化到学习上，在校学习的目的就是掌握一技之长，能够在未来的社会中具有谋生的手段。在课堂上，我们可以把在实训中学到的技能当成一个兴趣

■兴趣是学好技能的支点

点，反复操作、不断研究，把学到的技能放在生活中试着去解决一些实际问题，如此一来，日积月累，就可以体验到技能给我们带来的意想不到的快乐。

小故事

在一个漆黑的晚上，在一家人的厨房内，大老鼠带领着小老鼠去觅食，餐桌上有很多剩余的饭菜，这对老鼠来说是一顿美味的佳肴。正当小老鼠们准备吃时，传来了大花猫的叫声，这无意令它们肝胆俱裂，小

老鼠准备四处逃命，但是大花猫穷追不舍，终于这只小老鼠由于躲避不及被大花猫捉到。正当小老鼠要被吃掉时，突然传来一阵凶恶的狗叫声，大花猫顿时手足无措，狼狈逃命。这时大老鼠走出来说："我早就说过，多学会一种语言是多么的重要啊，这一次我救了你的命。"如果没有大老鼠的帮助，那么小老鼠早被猫吃了，可见学习技能是多么重要的。

总而言之，"多一门技能，多一条出路"。

▶▶▶ 三、工匠精神、薪火相传

习近平总书记在十九大报告中提出，要大力弘扬"劳模精神"和"工匠精神"，营造劳动光荣的社会风尚、精益求精的敬业风气。在推动中国制造向中国创造转变，中国速度向中国质量转变，中国产品向中国品牌转变的历史征程中，需要培养更多的大国工匠，要更加坚定地弘扬"工匠精神"。我们在河南化工技师学院接受教育，就是为了成为大国工匠，培育精益求精的工匠精神。河南化工技师学院就是具有工匠精神的高技能人才的沃土和大国工匠的摇篮。

（一）什么是"工匠精神"

工匠，是具有工艺专长的匠人。"工匠精神"是指工匠不但要具有高超的技艺和精湛的技能，而且还要有严谨、细致、专注、负责的工作态度和精益求精的工作理念，以及对本职业的认同感、荣誉感、使命感和责任感。

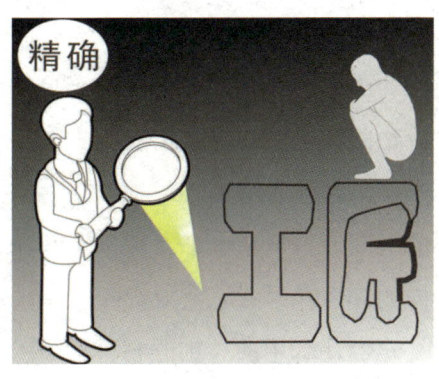

■工匠精神

1. 工匠精神源远流长

古代工匠不但对自己的技艺要求严苛，还对之怀有一种绝对的专注和执着，他们对自己的每一件作品都力求尽善尽美，这也一直是我国古代工匠穷其一生努力追求的最高境界。

秦陵考古队的专家对秦始皇兵马俑二号坑里发现的19把青铜剑进行了多项技术分析。这批秦青铜剑长为86厘米，剑身有8个棱面。根据游标卡尺的测量结果，8个棱面的误差比一根头发丝还小，显然经过了精细的锉磨与抛光，剑的表面有一层大约10微米厚的铬盐氧化物，这一技术使剑具有出色的防腐性能，这些秦朝青铜剑出土时全无锈斑，锋刃依然锐利得足以一次划穿18层纸。

秦国蜀太郡守李冰修建的都江堰，在2008年的汶川大地震中，都江堰市遭到了毁灭性的破坏，都江堰水利工程却只是受了可修复的损伤，不愧是延续了两千多年的伟大工程。

■千手千眼佛

开封市的著名景点大相国寺的八角琉璃殿中，有一尊举世闻名的千手千眼佛，是大相国寺的镇寺之宝。这尊佛像四面造型相同，高4.65米，重约4吨，每面呈扇状向外分部大大小小的胳膊和手掌，每只手掌中绘有一目。据统计，她共有

1048只手和1048只眼,也是全国手眼最多的一尊千手千眼佛,至今已有240多年的历史。更令人惊讶的是,这尊佛像完全是由一棵银杏树干雕刻完成的。据估算,雕塑此佛所用的树木树龄至少有三千年。据说,为了雕刻这座大佛,清朝年间的一位工匠整整用了58年的时间。其中,仅大佛头冠的雕刻,就用去了工匠10年的时间。一位艺术家,穷毕生精力,执着专注,从少年开始一直雕刻到暮年,这样的韧性和耐力,令人惊叹!

2.品牌中的"工匠精神"

许多世界知名品牌都具有"工匠精神",如劳斯莱斯汽车的成功就得益于它一直秉承了英国传统的造车艺术——精练、恒久、巨细无遗。直到今天,劳斯莱斯的发动机还完全是用手工制造,更令人称奇的是,劳斯莱斯车头散热器的格栅的制作完全是由熟练工人用手和眼来完成的,不用任何丈量的工具。据统计,制作一个方向盘要15个小时,装配一辆车身需要31个小时,安装一台发动机要6天,制作一辆四门车要两个半月,每一辆车都要经过5000英里的测试,所以一般订购劳斯莱斯的客户都需要耐心地等候半年以上。更令人难以置信的是,自1904年到现在,超过60%的劳斯莱斯仍然性能良好。

(二)工匠精神薪火相传

技艺精湛是生存之本。前人的优良传统不是用来沾沾自喜的,而是用来继承发扬的。时代不同了,很多工匠曾经的"诚意之作"已经完成了自己的历史使命,告别了现代人的生活,但一丝不苟做精品的认真作风,仍值得今天的我们学习。

1."工匠精神"的要义

工匠精神的要义主要体现在三个方面:第一,执着专注,把职业当事业,一生只做一件事;第二,精益求精、至善至美、严谨求实、一丝不苟,长期探寻所做工作的精髓;第三,创新进取、推陈出新、勇攀高峰,祈望自己的所为和作品能满足顾客的需求。

2.如何践行"工匠精神"

"天下大事必作于细,天下难事必作于易"。细节决定成败,习惯铸就人生,脚踏实地践行"工匠精神",才能成为真正的大国工匠,成为金牌"蓝领"。我们要培养自己的认知能力、合作能力、创新能力和职业能力，培养严谨专注、敬业专业、精益求精和追求卓越的品质。工匠精神的养成离不开生活细节、生活规范的塑造和熏陶，从行为习惯养成的角度，我们可以从敬、严、专、精、慢、创六个方面来培育"工匠精神"。

①"敬"是工匠对工作的敬畏，是工匠对自己工作价值的认同与敬重。"敬"的本意有不同的说法，在《诗经》多用为严肃、恭敬之义，敬者重也，不轻慢。电焊大师李万君在号称"复兴号腿脚"的高铁转向架的焊接中采用了"一枪三焊"的方法，把扭杆座中很多狭窄弯曲不规则的铁块严丝合缝地焊接在一起。转向架的任何瑕疵，包括一个微小的气泡都会严重威胁行车安全，对于工作永不服输的李万君最终攻克这一世界难题，技术攻关达150多项，使我国"复兴"号动车组进入批量生产。

袁惠君，1982年从河南化工技师学院化工工艺专业毕业，起初是在河南化工厂当工人，1985年调入平顶山煤业集团开封东大化工有限公司，凭着吃苦耐劳、敬业守信的精神和出色的工作成绩，她多次被评为企业先进工作者、优秀党员、优秀女工和开封市企业管理先进工作者，并走上了公司人力资源部副部长的管理岗位。

现实中，我们要尊重自己将来的职业，在学习中更要认真对待自己所选择的专业，既然选择了这条路就要充满着敬重之心去坚持下去，不要总是把"我家里人给我选择的这个专业"这句话挂在嘴边。无论我们当初为何选择了这个专业，既然来了，就一定要认真对待这个专业，要充满着敬畏之心去学习。只有敬业的人才能从平常的学习实践中比别人学到更多的知识、经验、技艺，而这些都是在"敬"的基础上才能实现的。同学们在将来步入社会，进入不同的行业后，要以积极的心态去面对生活，要把敬业培养成一种习惯，它可以让你在学习和将来的工作中受益终身。

②"严"是工匠的工作态度，表现在严肃认真、细致周全、追求完美。离开了工匠们严谨求实、一丝不苟的创造性劳动，人类的一切奇思妙想都将是空中楼阁，这是工匠的价值所在。

乔素凯是我国第一个核燃料师，他与核燃料打了26年交道，用4米多的长杆控制水下修复工作，完成了56000步的零失误操作，全国一半以上的核燃料修复工作都是由他和他的团队来完成的。他与他的团队认真、严谨，把标准调整到最高，精神状态调整到最佳，自我要求调整到最严，以最高的标准要求自己，更有着"安全大于天"的责任心。

严，即以最高标准严格要求自己，在学习中不投机取巧，在工作上严于律己。我们今后必须确保在我们手中每个作品的质量，对于产品采取严格的执行标准，没有最好，只有更好，不达要求绝不轻易放弃。

杨志强是河南化工技师学院1987届的毕业生，现在担任平顶山尼龙66盐化工有限责任公司的高级工程师。为了提高生产能力和产品质量，公司引进了一套日本的己二胺生产设备，但是其中的核心技术长期由日本专家掌握。在一次设备发生故障时，日本专家提出了天价的维修费用，这是公司无法承担的。以杨志强为核心的技术人员，冒着损失1亿元的风险，通过翻阅大量的图纸和技术资料，严格控制每一次试车安装的标准质量，层层筛选可以替代的配件，每一

■杨志强

次操作都一丝不苟，经过无数次的试验，最终攻克了这项核心技术，成功地让这套价值1.3亿元的进口设备重新恢复生产，并且盈利丝毫没有衰减。

我们可以看到，严谨的态度是必需的。只有严格要求自己，才能做到极致，技能上才会有突破。我们需要脚踏实地，认认真真一步一步地向上攀爬，在实践中要一丝不苟，抱着严谨的态度去完成才能在将来有所作为。

③"专"是工匠一生只做一件事，是工匠技艺出类拔萃、实现职业价值升华的不二法门。

倾心一件事，干了一辈子。已经80余岁高龄的李云鹤，仍然坚守在文物修复保护的第一线，被誉为我国"文物修复届泰斗"。他是国内石窟整体易地搬迁复原成功的第一人，也是国内运用金属骨架修复保护的第一人。他修复保护壁画4000平方米，修复塑像500余身，取得了多项研究成果，其中"筛选壁画修复材料工艺"荣获全国科学大会成果奖，"莫高窟161窟起甲壁画修复"荣获文化和

旅游部科技成果一等奖。六十二载的执着专注，潜心修复，以心为笔，以血为墨，使我国许多的文物绚烂重生。

专，对我们来说是专心、专业、专一去做一件事，用最专业的手法将每一项技能发挥到淋漓尽致。用一辈子的时间去做一件事情，无论大事或者小事，执着专注必不可少，这就是我们要弘扬的工匠精神。专注和执着就是不受外界琐碎的事物困扰，专心致志做好一件事。心无旁骛、坚定执着才能成功。

李世鹏，1988年毕业于河南化工技师学院1986级仪表班，现在担任河南省中原大化集团仪表公司甲醇班班长。自从参加工作，他积极向老师傅学习，刻苦钻研技术，很快掌握了自己所负责的合成氨生产装置的工艺流程和仪表自动化控制技术。特别是对引进国外的83—U001日本设计、生产的10T/H快装锅炉的联锁控制系统有独到的见解，他不但能快速准确地判断出联锁故障点，而且能上升到理论的高度加以分析和研究，成为公司的技术骨干。李世鹏从"全班成绩第一"到"全省技术比武成绩第三"，靠的就是对职业的从一而终，对技能的专心致志。

■李世鹏

当我们在做一件事情的时候，就要把所有的精力都集中在这里，那么我们的工作就会做得比旁人优秀。在学习技能的过程，我们要专注，无论遇到什么困难曲折都不灰心丧气，专心地去做，不轻易改变自己的目标，坚持不懈地去奋斗，那么我们就一定能达到自己的目的。学习就是一个自我锻炼的过程，我们只有达到真正的专心致志，才能把自己锻炼得更加优秀，成为大国工匠。

④"精"是工匠永恒的追求，是工匠为探寻所做工作精髓的精雕细琢、用心钻研、持续改善和精益求精。

我国"天马"射电望远镜准确地为"嫦娥四号"登月器在月球背面指引了方向，这里需要驱动系统的装配精度达到0.004毫米，而机床的制造精度只有0.02毫米，中国工匠夏立用手打磨到0.002毫米，这相当于头发丝直径的四十分之一。这种追求极致的态度，保证了我国无线电通信设施的跟踪精度，擦亮了中华"翔龙"之目，创造了一个新的奇迹。

《论语·学而》中有这样一句："如切如磋，如琢如磨。治玉石者，既琢之而复磨之，治之已精，而益求其精也。"只有经过提炼或者挑选出来优质的东西才能够称之为"精"。

我校优秀毕业生吴立新，目前是河南省中原大化集团公司动力厂检修班班长，一直钻研于化工设备的维修工作，有着非常丰富的检修经验和排除故障的能力。为了练就一手过硬的钳工绝活儿，他曾经反复练习抡起24磅长柄大铁锤，把焊条准确地锤入地下，这种扎实的基本功。这一技术使他在零件密集的化工设备检修中得心应手，多次获得"五一劳动奖章""河南省技术能手"和"劳动模范"等荣誉。由于他钳工技术出类拔萃，被誉为河南省的"钳工大王"。

■吴立新

在学习技能上，我们不要囫囵吞枣，一定要精益求精，如果随便就把一个课题敷衍了事，肯定会让你的技能大打折扣。永远不要把"还行""还不错""挺好的"这种不确定的词挂在嘴边，追求一件事一定要做到最好，这样才能给自己创造更多的机会，在以后的道路上走得更加长远，站得更高。

⑤"慢"是工匠戒除浮躁、静下心来打磨工作成果品质的耐心，是不追求短、平、快项目，不赶工期的脚踏实地。慢工出细活，慢出纯粹，慢出灵魂。《劝学》中提到："用心一也，用心躁也。"不急于求成，精心制作，才能做出完美的作品。

钟世雄，慢工出细活的金牌选手，第43届世界技能大赛制造团队挑战赛项目参赛选手之一。他是一名技师学院的普通学生，却也是不平凡的，他用高超的技术为中国赢来了阵阵喝彩声。参加世赛时，他遇到了一个意外。钟世雄等选手托运的一个行李箱，因北京机场的原因，没有被运到圣保罗。箱子里主要是钟世雄等选手在比赛中要用到的工具、刀具。遇到这个开局不利的情况，他们并没有惊慌失措。在抵达圣保罗的当晚，钟世雄仔细将要用到的工具、刀具清单又列了出来，让保障团队在比赛前带来。比赛期间，钟世雄选手始终保持良好的心态，不急不躁，和队友们互相协作，稳定发挥，最终取得佳绩。

工匠之所以取得这样的优异成绩，不仅要归功于扎实的技术功底，更要归功于他们在紧急情况中能"慢"下来，能在这种情况下冷静、淡定下来，能够想出解决的办法，才没有出现失误。"慢"是一种积极奋斗的精神，在现如今这个社会科技飞速发展的时代，一切仿佛都与速度较上了劲，但仔细地想想，好像在每次遇到问题和困难时，似乎只能慢慢地解决问题，如果还是以快的方式去解决，有时只会更糟糕。所谓慢工出细活，欲速则不达，说的就是这个意思。

2009年9月，席高剑以优秀的成绩从河南化工技师学院毕业，进入开封龙宇化工有限公司电仪厂仪表岗位工作。进入企业以后，席高剑一直保持着在母校养成的"终身学习"的习惯，不急不躁，不断提高自身职业素养。他积极参与技术交流和科技创新活动，提出多项合理化建议，屡获奖项与专利，为企业创造经济效益百万元以上。他参与的技术项目先后荣获河南省质量管理小组三等奖、河南省质量管理小组一等奖、河南省科学技术成果奖。2015年，他被聘为河南省于海化工仪表技能大师工作室成员以及河南化

■ 席高剑

工技师学院仪表自动化系客座教授。2017年他参加开封市化工仪器仪表维修工竞赛获得第一名，被评为开封龙宇化工有限公司的大工匠。

其实"慢"并不是慢吞吞的，而是有节奏地、不慌不忙地、保质保量地完成手头儿上的工作。当我们急急忙忙地处理一件事的时候，是否会因为太着急束缚了思维，从而显得手忙脚乱？慢是要控制住自己的情绪，从而处理事情的时候会显得游刃有余。我们无论做何事，都要尝试着放慢节奏，认真观察，冷静沉着地分析问题，从而找到正确的解决方案，千万不要急躁，不要一味地追求速度而忘了质量。

⑥ "创"是工匠以结果为导向，以顾客需求为出发点的创新和创造，是工匠在解决一个个生产实践问题时的与时俱进、推陈出新，是推动技术技能发展、社会文明进步的动力，是工匠精神的最高境界。我国古代赵州桥的设计者李春，基于原有石拱桥的建筑方法，在桥身建筑上创新设计了"空撞券桥"，这样不仅减

轻了桥的整体重量，而且起到了非常好的防洪效果。赵州桥至今已存在了1400多年，足以证明他超前的设计思路是正确的。我国院士袁隆平发明了杂交水稻，大幅度提高了水稻的产量，解决了上亿人的温饱问题。

创，就是创造力、创新力。创新有两种模式，一种是发明型创新，另一种是模仿性创新。发明型创新就是重新塑造的新事物、新工艺、新方法等。例如，袁隆平的杂交水稻、莱特兄弟设计的飞机等。模仿型创新就在原有的技术基础上进行改进，使其具有新功能。例如，赵州桥、诸葛连弩等。我们可以有效地利用课堂上所学的知识和技能，优化整合资源，可以先进行一些简单的工具改造、工艺改良，受到启发的同时还有助于技能的提高，然后逐步升级，拓展思路。

汤新立，1985年从河南化工技师学院化工工艺专业毕业，现在担任晋开集团双加压工段段长。2006年，晋开集团清洁发展机制项目启动，面对日本的先进技术，汤新立发挥自己的技术特长，在原有设备的功能下，很快将这套设备的工艺情况梳理得井井有条。他每天通过认真仔细的巡回检查，调节系统流量，使这套设备的效率发挥到最好，不仅大大减少了温室气体的排放，而且每个月产生效益300多万元。工友们亲切地称他是"环境保护的清洁使者"。

■汤新立

我们要想创新第一要务就是改变传统思想，尝试创造新东西，改变老的观念。对一些事情拥有了自己的想法后，我们要勇于尝试，去实施，去行动，不要担心自己做不好。创新需要有细微的观察力，因为要观察才能找到不同点，在原有的基础上加以自己的想法去创造。创新不只是一个人的事情，需要一个团队，一个亲密合作的团队才会使我们层层突破。创新还需要一个指导老师的辅导，帮助我们实现创造。在技能的学习中，我们一定要在平时的实践中仔细观察，努力创新。"苟日新、日日新"，创新是我们成就梦想必需的基石，梦想需要我们不断努力，不断用汗水去浇灌。我们要勇于创新，敢于创造，多思考，多想象，抓住脑海里的奇思妙想进行创新。

四、铸大国工匠、凝时代匠心

习近平总书记提出"劳动光荣、技能宝贵、创造伟大"。我们在河南化工技师学院学习就是一个自我塑造的过程，人人皆可成才、人人尽展其才，时刻秉承化院精神，做一名知识型、技能型、创新型的高技能人才。

（一）认准目标、努力奋进

目标是撬起成功的杠杆，是我们人生中的罗盘，它能指引我们前进的方向。34岁的查德威克是第一位游过卡塔林纳海峡的女性，她说："之所以我能坚持下来，是因为我一直认定前面就是大陆。"这是个真实的例子，说明一个人能有自己的目标，就有很大的成功概率。

1. 选择技师学院学技能

梁兵，从一个技校生到国防科技工业"511人才工程"高级技能人才，从一名普通技工到全国数控"第一兵""全国技术能手"，应邀走进中南海，受到党和国家领导人的接见。

当今我国制造业发展迅速，专业技术人员缺口巨大，不少地方的基础教育以考上大学为目的，很多人认为考不上大学就没有出路，这个观念是不完全正确的。当今社会是一个技术型创新的社会，中国正在由制造大国向制造强国转变，需要更多高层次的技能型人才。职业技术人才的培养，应完全以社会需求为导向，各行各业都离不开技术的支持。改革开放以来，我国的中等、高等职业学校已为国家各行各业的用人单位，培养了数以千计的各类专业技术人才，这些人才通过之后的实践成了一大批能工巧匠，有效地补充了各企业、事业单位在实践中需要的技术工人数量。技师学院注重的是专业技能的培养，培养的都是社会需要的实用型人才，甚至是订单式实用人才。学生毕业就有了一技之长，就可以拥有一份稳定工作。因此，坚持上技师学院是最正确的选择，这可以让更多的青年凭借一技之长实现人生价值。

2. 坚持自己选择的专业

从踏入校门的第一天起，就要选择一门专业进行学习，至于选择哪个专业好，哪个专业将来有出路，哪个专业适合自己，同学们起初很可能是迷茫的，甚至是否能坚持下来往往自己都不知道。这时候有的同学就开始了比较，会看到别人的专业怎样好，自己的专业怎样不好，然后不停地更换专业，最后什么也没有学到，等到毕业了一事无成。这就是目标导向出现了问题，不知道该怎么

■坚持专业，走向成功

去选择。每个专业虽说不同，但是都有自己的特点，都具有很大的发挥平台。我们应该努力学好专业技能，广泛涉猎书籍，培养专业能力，努力把自己的专业知识学精通，做到专业达人，只有这样才能在以后给自己、给家人创造更好的生活。一个人的潜能是无限的，只要决心去做，就有可能成功。我们在学习技能中要保持高度的认真态度，对待选择的专业，要保持着好奇、探索的心态去学习，才能更好地学到知识。无论你选择了什么样的专业，都要坚定不移地走下去，认定自己选择的是对的，爱我所选，即使面临很多困难，也应相信风雨之后见彩虹。

3. 坚持劳动创造美好生活

"劳动创造美好生活"是我校的价值观，更是用勤劳的双手创造未来幸福生活的源泉。幸福是奋斗出来的，我们都是追梦人，当前的梦想就是利用在校学习的知识、技能改变我们的人生。高铁首席研磨师宁允展，使定位臂的贴合率提高到90%，提高了高铁在运行中的稳定性，保证人们乘坐高铁的安全和舒适度；高级技师胡双钱，实现了起落架钛合金制作的大规模生产，保证了我国C919大型客机的正常飞行；世界技能大赛金牌选手杨金龙，同样是技师学院毕业，年仅21岁就获得了与教授级高工的同等待遇，这些都是劳动创造美好生活的价值体现。

■中国客机

■中国高铁

（二）勤学苦练、竞赛引领

1. 勤奋刻苦练就扎实技能

勤奋是实现理想的奠基石，是补拙益智的催化剂，是通向成功彼岸的桥梁，是自学课堂里的老师，是人生航道上的灯塔。当我们认定自己所学的专业之后，就要对本专业的知识和技能进行深入的学习，反复练习、反复琢磨，方能练就扎实的功底。

杨金龙，世界技能大赛汽车喷漆项目金牌选手。在平时训练学习的时候，他想一个钣金或者喷漆的问题，能在寝室想一天。他曾用四个月的时间去练习手工砂纸打磨，逐渐琢磨出人工打磨时手的力道和运动节奏。现在，杨金龙手工打磨的效果可媲美机器打磨。他也曾经一连9小时待在训练场里，就为了调出和车子目前的色调一模一样的颜色。"来修理的车子因为经过使用，颜色早已有所变化。"杨金龙说，"这时候，就需要人工加入其他颜色，勾兑出车子目前的色调。而这个勾兑的过程就全凭经验了，你得把握那个比例，不停地对比，再不停地改良。"备战世赛期间，杨金龙每天的练习时间在8小时以上，几乎没有节假日。他要完成18小时的极限训练，也需长时间待在室温高达45℃的烤房中，不断地练习，才换来了比赛时的"正常发挥"，也赢得了一枚宝贵的金牌。经过这次大赛，杨金龙正式迈入汽车喷漆领域的世界顶级高手行列。因为刻苦，所以一再探索。在这周而复始的探索中，杨金龙从门外汉变成了"高精尖"。成功不易，我们眼中的6年，在他那里则是2190个钻研的日日夜夜。

2. 竞赛的级别

竞赛是检验同学对专业技能掌握程度高低的重要途径。一个人技能是高是低、知识是否扎实、操作是否娴熟，竞赛是很好的试金石。在第44届世界技能大赛上，15位中国选手夺得技能金牌，实现了"技能改变人生"的目标，在这个过程中我们可以发现，如果我们也想未来代表中国站在世界技能之巅，走向技术能手之路，就需要通过一次次的竞赛来实现。在职业教育中，每年各式各样的技能竞赛数不胜数，由于承办技能竞赛的组织承办方不同，我们不再一一叙述，下面简要介绍主要竞赛。

校内学科竞赛：校内每个学期在各个专业都会组织一到两次的学科竞赛，例如制图学科竞赛、焊接学科竞赛、电路连接学科竞赛等，这些竞赛一般都属于初级竞赛，往往针对的就是我们现阶段学到技能的程度和某一个专业知识点，如果你在学科竞赛中获得优异的成绩，那么就可以代表学校成为参加市赛的选手。

市级技能竞赛：由市内同行业和学校之间组织的技能比赛，取得优异的成绩可以晋级省赛。

省级技能竞赛：省内行业和学校之间具有较高水平的技能比赛，若能取得优异成绩就代表具备了一定程度上的技术水平，并且在有条件下获奖选手能获得技师资格。

全国技能大赛：国内最高水平的技能大赛，取得成绩的同时还能获得高级技师、新长征突击手、五一劳动奖章等荣誉，并可以见到不同行业的高新技术，开阔眼界。

世界技能大赛：最顶尖的技能大赛，在这里可以见到最精湛的技术，全世界的技能高手会集于此，是技能展示的殿堂，是每位身怀绝技选手的圆梦之地，被誉为技能的"奥林匹克"！

3. 培养一颗"竞赛心"

①培养专业的实践能力。同学们应培养自己的实践能力，并在一次次竞赛中找到自信、开阔眼界、查漏补缺，深入思考相关专业知识，弥补不足。

②培养职业兴趣。竞赛可以让我们了解目前社会和企业对技能人才的需求和标准，找到自己的职业目标和努力方向，增强职业兴趣。

③培养抗压能力，提高心理素质。想要在激烈的技能竞赛中获得最高荣誉是需要付出努力的，在这期间遇到困难时，通过心理辅导和自身消化可以充分磨炼我们的意志，克服困难、承受压力、收获荣誉的过程对我们今后的学生和工作都有很大帮助。

④培养主动学习的积极性。课下我们可以参加一些技能竞赛小活动，把我们上课学到的知识通过小竞赛实现理论与实践相结合，遇到不懂的问题经常和老师交流，培养自己主动探索学习的积极性。

⑤培养社会交往的能力。竞赛提供了一个良好的平台。通过竞赛我们可以与

其他选手进行交流,发现自身不足,分享成功、分享经验,学会用多种思维去分析评判,用自己的价值观去观察了解各行各业的发展情况,最终培养与他人交流、沟通的能力。

⑥培养团队协作能力。通过参加竞赛,同学们之间相互尊重,互相帮助,为了整个团队能实现最高目标,把团队的荣誉放在第一位,自觉地承担各自的职责,勇于担当,培养团队协作能力为将来走向社会打下基础。

⑦培养快速融入行业的能力。企业在用人的时候往往会挑选具有竞赛经验的学生,这是由于一般竞赛项目都与行业相贴合,与实际工作的性质相同。参加竞赛可以使我们较早地进入工作状态,对我们融入社会是十分有意义的。

⑧培养职业素养。参加技能竞赛,尤其是高层次的竞赛,是个人成长路上重要的里程碑,你可能很快从一个懵懂少年成长为具有一定专业技能和职业涵养的准职业人,在未来的职业成长路上拥有更多自信和从容,更加受企业的青睐。

(三)团结协作、互利共赢

单丝不成线,孤木不成林。古往今来,众多的事例都充分地证明了团结协作的重要性。团结协作是一种解决问题的方法,要把团结协作当成自己的一份责任,不能将个人利益凌驾于团队利益之上。在团队工作中,你会发现,在自己协助或付出的情况下,个人同时也从团队中得益,只有做到个人与团队都受益这种双赢情况,才更容易获得成功。

小故事

一个太深的油缸,单凭一个老鼠的能力是喝不到的,如果三只老鼠首尾相连、相互配合,每只老鼠都能喝到油缸里面的油。

1. 配合

我们在学习中经常会遇到一个项目或者一个课题,一个人独立完成是很难的,这时候我们要配合,达到共同完成的目的。例如,在汽车"快修快保"的竞赛中,需要在 3 分钟内完成 4 个车轮的拆卸,这考验的是选手完成的质量和效率。当一辆汽车驶入工位时,需要三个选手同时进行指引、升降、拆卸三个步骤,才能在规定时间内完成,如果是让一个人来做,这是无论如何也完成不了的。

2. 互助

"三个和尚挑水喝"的故事就是讲了一个互相帮助的道理,可以看出"三个和尚"之所以"没水喝",是因为互相推诿、不讲协作。而实际的工作、学习中常常需要几个人互助。例如,在化工机械维修吊装的实训课上,吊起一个大型的设备需要找到一个平衡点,这时候就需要几名同学一起互助完成。

■三个和尚挑水喝

3. 共赢

我们常见到蚂蚁一起将食物搬进洞中,这其实就叫共赢。在第 44 届世界技能大赛中,中国选手邓燚祯和叶子进一起经历为期 4 天、共计 18 个小时、6 项任务的比赛,最终取得机电一体化项目 92 分的最高分,获得了这个项目的金牌,成为世界冠军,这就体现了共赢。

■蚂蚁搬运食物

(四)动手动脑、勇于创新

《礼记·大学》中讲"苟日新、日日新、又日新"。我们每个人的创造力是无穷无尽的,可以毫不夸张地说,每一个人都有强大的创造力,就看如何挖掘潜能。冰激凌大王哈姆改良了传统冰激凌用盘子的盛放方式,改用做成锥形的鸡蛋饼盛,因此发明了蛋卷冰激凌,这就是一个很好的例子。我们在基于常规技能训练学习的同时,就可以利用现有能力和事物进行创造发明。例如，如何利用技能解决实际问题，如何改良实训工具，如何提高竞赛成绩，如何改进工艺方法。这些都需要我们以扎实的技能为支撑，在原有的基础上进行突破、创新。

1. 创新

创新，指有别于常规而进行改进或创造出新的事物、方法等。例如，在2016年全国创新创效创业大赛中，我校化工专业的学生创新设计的"手工皂"，荣获全国一等奖。在一体化的课堂中，我校学生在学习了"液压与气动技术""钳工工艺"等课程的基础上，结合现有工程装置的动作原理，创新制作了"气动挖掘机"和"抓取机器人"两个装置。依靠创新还可以进行创效和创业。

■手工皂

■气动挖掘机　　　　　　　■抓取机器人

2. 创效

创效，实现效果和创造效益。例如，我校学生在劳动实践周实践的过程中发现可以利用所学知识提高校园的清扫效率，于是制作出了"智能清扫车"，并申请了专利；我校学生改良了传统的化工工艺方法之后，制作了更加受年轻人喜爱的"手工皂"。

3. 创业

创业，即是利用现有资源进行优化整合，使其能产生最大的价值，把所学到技术转变成效益。例如，我院学生在原有快递运输的方法上加以改进，制作出了更加快捷的"小蚂蚁智能快递柜"；根据不同的节日，制作了代表传统文化的三节花盆；在整合我校现有仪表实训装置的基础上，制作出了更加先进的工业控制实训平台；还设计出了智能假山盆景液位调节装置。这些创新都可能成为创业项目。

■智能清扫车

■三节花盆

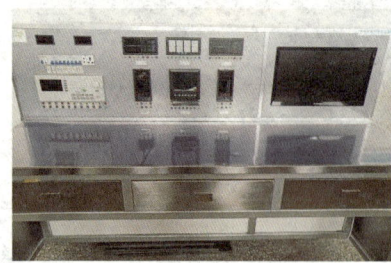
■工业控制实训平台

■智能假山盆景液位调节装置

五、技能的"奥林匹克"

世界技能大赛被誉为"技能奥林匹克"，是为学习技能的年轻人搭建的切磋技艺、交流经验、展示自我、增进友谊的重要竞技平台，因此，我们要好好学习专业技能，争取能走上世界技能大赛的舞台。

（一）世界技能大赛知多少

1. 什么是世界技能大赛

世界技能大赛（World Skills Competition,WSC，简称世赛）是迄今全球地位最高、规模最大、影响力最大的职业技能大赛，其竞技水平代表了职业技能发展的世界先进水平，是世界技能组织成员和交流职业技能的重要平台。

2. 世界技能大赛的由来

西班牙技能培训中心负责人阿尔伯特·维达为了改善技术工人的短缺，激发年轻人学习技能的积极性，经过努力，在1950年举办了第1届世界技能大赛。

3. 举办周期

世界技能大赛由世界技能组织举办，该组织的主要活动为每年召开一次全体大会，每两年举办一届，截至目前已成功举办44届。

4. 竞赛项目

世界技能大赛由6个竞赛项目组成，包括运输与物流、结构与建筑技术、制造与工程技术、信息与通信技术、创意艺术与时尚、社会与个人服务，涵盖了当今世界产业技术的所有领域。

5. 世界技能大赛的奖项

在个人和团队项目中获得前三名的选手，团体获得金牌、银牌、铜牌。

阿尔伯特·维达奖杯

在每一届世界技能大赛获得所有参赛项目最高分的选手将荣获"阿尔伯特·维达"大奖。在第44届世界技能大赛上，我国工业机械装调项目选手宋彪荣获此奖项。

（二）中国与世界技能大赛

1. 中国加入世界技能组织

世界技能组织成员应当能够代表一个国家或地区商业、服务业和工业的职业教育和培训系统的组织，并且得到世界技能组织的认可。截至2017年11月，世界技能组织共有78个国家和地区成员，覆盖了全球70%以上的人口。我国于

2010年10月正式加入世界技能组织，成为第53个加入世界技能组织的成员。

2. 中国在世界技能大赛中的成绩

2011年我国第一次参赛，参加第41届英国伦敦世界技能大赛，首次参加6个比赛项目，实现了奖牌零的突破，获得1枚银牌和5个优胜奖。

2013年我国参加第42届德国莱比锡世界技能大赛，获得1枚银牌3枚铜牌和13个优胜奖。

2015年我国参加第43届巴西圣保罗世界技能大赛，获得5金6银4铜和11个优胜奖，实现了金牌零的突破。

2017年我国参加第44届阿联酋阿布扎比世界技能大赛，获得15金7银8铜和12个优胜奖，金牌数、奖牌数和团体总分均居榜首，实现历史性的重大突破。这是我国参加世界技能大赛以来的最好成绩。

■世赛奖杯

3. 上海，技能闪耀世界

2021年第46届世界技能大赛将在中国上海举办。届时，全世界最顶尖的行业和技能人才将汇集于此，那将会是一个万众瞩目的时刻，上海一定能为世界奉献一届前所未有、影响深远的世界技能大赛。

（三）匠心筑梦，中国工匠荣耀阿布扎比

2017年11月21日，国务院总理李克强在中南海亲切会见了在第44届世界技能大赛上取得优异成绩的中国选手。勉励他们"要努力做大国工匠，把在世界技能大赛上取得的历史性突破融入日常工作中，带动各行业职业技能水平实现历史性突破"。这些选手也是我们的榜样。

1. "拿不好笔杆子，就拿好工具"——工业机械装调项目金牌获得者宋彪

宋彪，1998年出生，来自常州技师学院，现为机械工程系2014级模具制造专业在读学生。在第44届世界技能大赛上，他获得了"工业机械装调"项目的冠军，并以全场779分的最高分获得本届世赛"阿尔伯特·维达"奖。在练就技能和选拔比赛的道路上，宋彪并不是一帆风顺的。初中阶段的学习，他是一个"失败者"，

没能考上心仪的高中。几经思考，最后他选择了读技师学院。从那一刻开始，他相信学好技能一样可以改变人生，他全身心地投入到专业知识和专业技能的学习中。伴随着他的努力，他分别在 2015 年度、2016 年度获得学院特等奖学金、恒力机械奖学金、托利多企业奖学金，并被评为学院三好学生。机会总是留给有准备的人，2016 年 6 月，宋彪被学校选中参加第 44 届世界技能大赛学校选拔赛，凭借稳定的心理素质和全面、过硬的技能，他以第一名的成绩获得参加全国选拔赛的机会。在接下来的"六进三""三进二""二进一"的各次竞争中，他均以优异的成绩胜出，并最终代表中国征战阿布扎比。今天，通过自己和团队的共同努力，宋彪终于站在了技能世界的最高领奖台，为国家争得了荣誉，为自己找准了继续前进的方向！路漫漫其修远兮，他的技能之路选对了，他仍将一如既往、踏踏实实地走下去，戒骄戒躁，勇往直前，用自己的努力阐述工匠精神，践行强国技能之梦！

2. "传承技艺，技能报国"——数控铣项目金牌获得者杨登辉

"从来没有这样一种浓烈的爱国情怀，会如此强烈地激荡在自己的心中。赢了他们，是一种扬眉吐气的感觉。"第 44 届世界技能大赛数控铣项目金牌得主杨登辉说。同一个赛场，同一台机器。杨登辉不仅将同台竞技的日本选手"斩于马下"，更将长期占据金牌榜首位的韩国选手搬下神坛。2017 年 10 月 19 日，当杨登辉气宇轩昂地站在第 44 届世界技能大赛数控铣项目的最高领奖台时，阿布扎比的颁奖现场掌声雷动。2011 年，杨登辉初中毕业，在经历了一段迷茫期后，他决定学习一项技能，朋友向杨登辉推荐就读技师学院。刚一接触数控专业，杨登辉就疯狂地喜欢上了这个专业。他报读了广东机械技师学院 2014 级世赛班，暑假休息了半个月，就继续参加第六届全国数控技能大赛。2015 年下半年，杨登辉开始了世赛的训练,专心做一件事的时候,时间总是过得很快。在杨登辉看来，训练虽然辛苦，但非常值得。在接下来的全国选拔赛中，杨登辉和集训选手有了更多的交流，进步很快。在全国选拔赛最后一场，凭借稳定的发挥，杨登辉以第一名的成绩成功晋级。在获得第 44 届世界技能大赛数控铣项目金牌和中国代表团国家最佳奖后，杨登辉感到十分光荣。"特别感谢学院的培养，使自己从一名无名少年成长为世界技能大赛的金牌获得者。"杨登辉说，"我一定不辜负大家对我的期待，继续努力，将工匠精神传承下去，以实际行动回报社会、报效祖国。"

3. "学好技能也能实现人生理想"——工业控制项目金牌获得者袁强

袁强的技能之路起步于中考落榜。他出生在山东省的一个农村家庭，是一个内向的"熊孩子"，从小学到初中学习成绩都不好，尽管自己也尽力了，但是中考还是落榜了。当时，袁强非常沮丧，觉得对不起父母，他想找个工作，挣钱养家，但是父母觉得他年龄太小了，于是决定让他去技工学校学习一门技术。2012年，袁强进入广东省机械技师学院机电工程系学习，学习期间他参加了维修电工、电气装配等项目的技能比赛，也许是因为训练不到位，所以名次不突出。2015年8月，在学院筹划参加第44届世界技能大赛工业控制项目的时候，袁强报了名。2016年8月，第44届世界技能大赛全国选拔赛在上海举办，这次大赛对袁强来说，是人生的一个重要转折。赛场上高手云集，比赛成绩公布之前，袁强根本没有想到自己会获得第一名。第一名的成绩让袁强更加坚定了信心，明确了自己的人生目标，最终代表中国国家队征战阿布扎比。2017年1月，工业控制项目集训队正式开始训练，工业控制项目的精度要求非常高，为了使自己的测量更加精确，袁强将测量误差控制在1毫米以内。如果哪个地方安装得不好或者有问题，他都要重新测量安装。在"九进五""五进二""二进一"的选拔赛中，袁强顺利晋级，最终参加世赛并获得金牌。站在世界的领奖台上，手捧着金灿灿的奖牌，袁强说："学好技能也能实现人生理想，成为对国家有用的人。"

4. "超越自己，做未来工匠"——车身修理项目金牌获得者杨山巍

2012年6月，杨山巍初中毕业，没有上海户口，是回四川老家继续读书还是留在上海，一时间杨家犹豫不决。"去学个技能吧，以后好养活自己"，杨爸爸劝他。这一年，杨山巍选择了上海杨浦职业技术学校的汽车专业，万万没想到，这成了他人生的转折点。打磨、焊接、切割、整平，通过一系列修复工艺，一块受损的车身板件就能恢复如新，从小勤动手、爱动脑的杨山巍很快就爱上了这个专业。都说兴趣是最好的老师，再加上他的勤奋好学，他顺利入选了学校钣金集训队。从此除了白天正常的专业课程之外，他开启了紧张忙碌的训练模式。2014年6月，参加训练不到半年的杨山巍代表上海参加全国职业院校技能大赛车身修理项目比赛，一举夺得冠军。心有多大，舞台就有多大。全国大赛金牌点燃了杨山巍的热情。当年9月，杨山巍与学校另外三名同学从第43届世界技能大赛全国选拔赛中脱颖而出，一起入选车身修理项目中国集训队。2016年8月，始终没有放松训练的杨山巍，作为上一届世赛的备选选手进入第44届世界技能大赛车身修理项目中国集训队。杨山巍每天六点起床，晚上十点半休息，除了吃饭，所有时间都在实训室里练习，把部件拆下，再完好无损地装上，周而复始，枯燥乏味。有梦想的人自带力量，杨山巍天生就有一股不服输的韧劲，他对自己训练的要求严格到了"病态"的地步，教练允许有2毫米的误差，他就规定自己必须小于1毫米；门板修复一般用手摸、尺量，他用强光灯照在门板上，一点一点找不平；每一次简单的敲击，他都要反复练习上百遍，力求每次都能做到分毫不差。杨山巍在每一次淘汰赛中，均以第一名的成绩遥遥领先，如愿成为第44届世界技能大赛车身修理项目中国选手，最终获得金牌。

精益求精练技能，逐梦青春战世赛。年仅20岁的杨山巍，进入世界技能大赛国家队以来，用自己的执着、勤奋、刻苦迅速成长为国内一流的车身修理钣金行业技术人才。

（四）技能化院、剑指喀山

■ 贺江涛、祁温领成功晋级第45届世界技能大赛国家集训队

在第 45 届世界技能大赛的预选赛中，我校贺江涛、祁温领两名同学顺利进入国家集训队，其中贺江涛在"十进五""五进一"的选拔赛中取得第一名，作为正选选手代表中国征战 2019 年 8 月在俄罗斯喀山举办的世界技能大赛。"千里之行、始于足下"，他们两个仅仅是众多化院学子怀揣"技能改变人生、技能成就梦想"的代表，在铸大国工匠的道路上，我们要坚持化院精神，坚持劳动创造美好生活的核心价值观。天道酬勤，在世界技能大赛这个顶级赛场上，坚信我们河南化工技师学院的莘莘学子最终能一朝梦圆，为学校、为河南、为中国争得荣誉，照耀世界技能之巅。

1. 水处理项目全国第三名选手祁温领

祁温领，2001 年 12 月出生，河南新乡人。2016 年 9 月，初中毕业的祁温领来到河南化工技师学院，就读于化工工艺专业。梦想有多远，路途就有多艰辛，祁温领在河南化院的求学经历充满了励志色彩。中考的成绩不是特别理想的他并没有因为自己上的职业院校而放弃自己的梦想，勤能补拙是良训，一分辛苦一分才，他凭着自己的勤奋刻苦得到老师们的关注。2017 年，他以优异的成绩代表河南化院参赛并获得开封市化工行业化工总控工技能竞赛三等奖；2017 年 12 月，他又参加了全国 HSE 化工安全大赛，荣获二等奖；经过在校半年的艰苦备战，2018 年 6 月，他代表河南省参加了第 45 届世界技能大赛水处理项目全国选拔赛，获得第七名，并光荣入选国家集训队，最后取得全国第三名的优异成绩。在校短短的两年时间里，祁温领多次获得学院一等奖学金、优秀院学生会干部、三好学生等荣誉。2018 年，他荣获劳动出版"技能雏鹰"奖学金，获得全国"最美中职生"称号。在参加全国赛备战的那段时光里，祁温领几乎每天都在实验室里度过。因为是初次参赛，像这样技术加体力马拉松式的高强度训练，使祁温领感到压力很大。但是在化院教师团队的帮助下，他慢慢地找到了自信，调整好了状态。从竞赛项目培训计划的制定与实施、资料的收集与整理，到参赛选手的培训辅导与答疑解难等方面，老师们都给予了他全面的指导与帮助。"成长就是不断地完善自己。"祁温领说，"作为一名能够代表河南省参赛并入选国家队的青年选手，我首先要感谢河南化院给予我这次参加世界技能大赛的机会，感谢老师们对我的精心指导和培育。参加技能大赛使我懂得，比赛不仅是比个人的专业技能，同时考验的还有选手的心理素质和整个团队的综合实力。通过一次次的参赛，我对母校雄厚的技能教育水平和老师们的敬业实干也有了更深刻的了解，执着专注、精益求精，将激励我向世界技能的最高水平前进。"

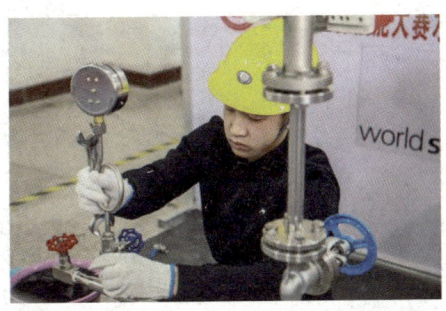

■ 祁温领正在训练

2. 工业控制项目全国第一名选手贺江涛

贺江涛，1998年9月出生，河南新乡人。那一年，他怀着技能改变人生的信念来到河南化工技师学院，就读于心连心校企联办班机电仪一体化专业。这之后他没想到的是，他会代表河南化工技师学院工业控制项目顺利晋级国家集训队，这不仅实现了河南省工业控制项目集训队零的突破，他还代表中国征战在俄罗斯喀山举办的世界技能大赛。为了备战世赛，贺江涛在院系老师的精心指导下苦练了半年。他说："我参加的工业控制项目分为四个模块，分别是工业对象的安装、电路设计和改进、电气设备故障检测和工业功能实现。这将全面考验选手的身体素质、逻辑思维能力和面对故障时的准确判断，拼手巧，拼体力，更拼大脑。"备赛期间，贺江涛和老师们放弃了所有的假期。无论严寒酷暑，除了吃饭和睡觉，其余时间几乎都是在实训场中。他说："学院领导对我们给予了充分的关怀和支持，训练中院领导经常询问指导，学院领导还亲临比赛现场为我们加油助威。三位指导老师是我的良师益友。日日夜夜陪伴我训练的队友们和我一起训练、一起生活、共同成长进步。"同时，贺江涛多次获得学院一等奖学金、三好学生、优秀团员等荣誉，2018年获得了劳动出版"技能雏鹰"奖学金。通过这次全国选拔赛，贺江涛深有感触，参加这样高规格的比赛是很宝贵的人生体验，使人受益匪浅。比赛既是竞争，也是交流，全国的技能高手汇聚一堂，大家代表的是各省职业教育的最高水平，带来的是最先进的经验和技能成果。参加世赛不仅能学到非常先进的技术，更能接触到更高层次的知识领域。这次的参赛经历让贺江涛更加坚信化院倡导的"技能改变人生"的理念，相信掌握了精湛的技能，就能靠双手创造出彩人生，实现华丽蝶变。

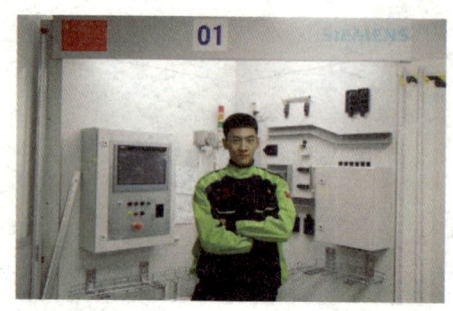

■ 贺江涛正在训练

六、技能荣耀、硕果累累

我校通过承办河南省石化系统职工技能竞赛，参加全国技能大赛，建设技能大师工作室，举办"职业教育活动周"，挺进世界技能大赛国家集训队等一系列活动，激发了学院师生学技术、练本领的热情，我校师生在全国全省技能大赛中屡获大奖。

从2006年开始，我校师生积极参加全国大赛，在每年的各项比赛中，我院师生摘金夺银、屡获大奖，一等奖、二等奖的获奖比例高于全国平均水平。

获奖情况

团体奖	教师	二等奖：1人
		三等奖：4人
	学生	一等奖：19人
		二等奖：12人
		三等奖：7人
个人奖	教师	一等奖：10人
		二等奖：12人
		三等奖：12人
	学生	一等奖：48人
		二等奖：61人
		三等奖：30人

第八章 技能篇

■世界技能大赛中国集训基地

■2006年，全国首届职业院校学生化学检验技能大赛二等奖

■2007年，全国职业院校学生化学检验工技能大赛高职组一等奖

■2008年，化工总控工技能大赛高职高专组团体一等奖

■2009年，全国石油化工职业院校化学检验工技能大赛高职高专组团体一等奖

■2009年，全国石油化工职业院校化工检修钳工技能大赛团体一等奖

■2012年，全国职业院校学生化工仪表自动化赛项一等奖

■2013年，全国化工仪表维修工技能竞赛一等奖

■2016年"挑战杯—彩虹人生"全国职业学校创新创效创业大赛一等奖

■2018年，全国职业院校化工安全生产技术技能大赛一等奖

■2018年"挑战杯——彩虹人生"全国职业学校创新创效创业大赛二等奖

第八章 技能篇

■我校学生祁温领、贺江涛晋级第45届世界技能大赛国家集训队

■我校祁温领荣获第45届世界技能大赛水处理技术项目全国第三名

■我校姜雨荷荣获中华人民共和国第一届职业技能大赛化学实验室技术项目铜牌

■我校贺江涛荣获第45届世界技能大赛工业控制项目铜牌